何塞·穆里尼奥的皇家马德里战术分析：防守

[希] 阿泰纳斯奥斯·特尔兹斯 著

李吉慧 陆建森 沈 军 译

人民体育出版社

编译委员会

主任
- 李吉慧　山西师范大学　教　授　硕士生导师
- 郑　旗　山西师范大学　教　授　硕士生导师
- 侯会生　中央民族大学　副教授　硕士生导师

成员
- 刘　丹　中央民族大学　研究生
- 王　林　山西师范大学　讲　师
- 王卫东　山西师范大学　讲　师
- 沈　军　山西师范大学　讲　师
- 于　浩　中央民族大学　讲　师
- 王　新　中央民族大学　讲　师
- 沈国征　山西师范大学　副教授　硕士生导师
- 侯　彪　北京体育大学　研究生
- 王晓楠　中央民族大学　研究生
- 王嵩洛　中原工学院　　副教授
- 刘国涛　中央民族大学　讲　师
- 钟复春　吉林警察学院　讲　师
- 陆建森　山西师范大学　副教授
- 梁国强　山西师范大学　讲　师

绪 言

　　何塞·穆里尼奥从2010—2011赛季开始执教皇家马德里。第一赛季，皇家马德里只赢得一座国王杯。本书研究的是其执教皇家马德里的第二个赛季，那个赛季他们赢得2011—2012赛季西班牙足球甲级联赛冠军。

　　穆里尼奥执教过的俱乐部，通常都是第二个赛季比较成功。在波尔图执教的第二个赛季，他们就赢得欧洲冠军联赛冠军和葡萄牙超级联赛冠军。在切尔西执教期间，他们赢得了英超联赛冠军、足总杯冠军和进入欧冠的四分之一决赛。在执教国际米兰的第二个赛季，他带领球队高歌猛进，夺得意大利足球甲级联赛冠军，以及意大利杯和欧洲冠军联赛冠军。在执教皇家马德里的第二个赛季（2011—2012赛季），他率领球队第一次击败瓜迪奥拉执教的巴塞罗那队，夺得西班牙足球甲级联赛冠军。

　　在穆里尼奥的执教生涯中，他使用过多种阵型。在波尔图，主要使用中场菱形站位的4-4-2阵型。在切尔西，使用的是4-3-3阵型和菱形站位的4-4-2阵型。在国际米兰执教期间，主要使用的是4-2-3-1阵型，只在部分比赛中使用菱形站位的4-4-2阵型。在皇家马德里，他选择使用4-2-3-1阵型，并且签约了适合这种特殊阵型的球员。

　　本书主要研究近代足球史上最成功的教练员之一——穆里尼奥执教的皇家马德里在所有比赛阶段中如何运用4-2-3-1阵型。

　　本书首先介绍每个球员的防守职责，然后逐步上升到他们之间的配合（后卫和中场球员、前锋之间的配合），通过这种循序渐进的方式探讨球队的防守体系。本书提供了皇家马德里队针对不同对手和不同阵型（4-4-2、4-2-3-1、4-3-3等）所运用的防守战术的所有细节。

　　本书在介绍当对手将进攻转移到弱侧时球员的防守战术，以及无法迅速实施紧逼时球员防守策略的同时，也介绍了球队如何在组织进攻中保持它的平衡，在左路、右路和中路频繁使用的配合，以及在比赛中如何运用这些配合。

　　其中一章探讨了球员如何站位才能保证在由攻转守中更容易和更有效的移动，以及在由守转攻中如何站位。

　　最后，本书专门介绍了皇家马德里队如何在罚球区附近防守对方的定位球。

目 录

战术分析方式及图例	（Ⅰ）
本书中的比赛阶段是如何产生的	（Ⅱ）
如何将本书中的内容运用到比赛和训练中	（Ⅲ）
实例练习	（Ⅴ）
提高练习	（Ⅶ）

第一章　皇家马德里队员的特点 ……………………（1）

　　队员简介 …………………………………………（1）
　　何塞·穆里尼奥 …………………………………（5）
　　皇家马德里首发11人 ……………………………（6）

第二章　皇家马德里比赛的四个环节 ………………（7）

　　皇家马德里的防守环节 …………………………（7）
　　皇家马德里的由攻转守环节 ……………………（7）
　　皇家马德里的进攻环节 …………………………（7）
　　皇家马德里的由守转攻环节 ……………………（8）

第三章　皇家马德里的防守环节 ……………………（9）

　　不冒险（据守球门一侧盯防） …………………（10）
　　紧逼盯人 …………………………………………（15）
　　球被封堵时的防守站位 …………………………（16）
　　防守靠近边线站位的边锋 ………………………（17）
　　球由被封堵转变为无人封堵的局面 ……………（18）
　　4名后卫对无人封堵持球球员局势的防守 ……（19）
　　当无法紧逼盯防对方前锋时 ……………………（20）
　　当无人封堵持球队员时保持安全与平衡：空当的中卫 …（22）
　　占据球门一侧防守并追盯：确保安全 …………（24）
　　紧逼盯人时的补位保护 …………………………（26）
　　放弃紧逼盯人以保持球队平衡 …………………（27）

目 录

弱侧边后卫的站位 ·· （29）
罚球区边缘附近的防守 ······································ （33）
边线附近的防守 ·· （34）
罚球区左侧和边线之间区域的防守 ···························· （37）
罚球区右侧和边线之间区域的防守 ···························· （39）
在右边路紧逼盯人时边后卫与后腰和边锋的配合 ················ （40）
迪马利亚防守位置不佳时的防守 ······························ （45）
应对左路的人数劣势 ·· （46）
阿隆索的角色：防守边路 ···································· （47）
中后卫补位边后卫 ·· （48）
后腰紧随边路前插的对方边后卫 ······························ （49）
弥补罗纳尔多防守站位的不足 ································ （51）
在球队失衡时的兼防站位 ···································· （53）
兼防站位 ·· （55）
当巴塞罗那队从后场组织进攻时皇家马德里队的防守站位 ········ （59）
全场紧逼时中锋和前腰的配合 ································ （60）
逼抢接守门员传球的中后卫 ·································· （61）
球队的整体性：制造强侧 ···································· （62）
紧逼守门员 ·· （63）
限制对方中后卫的传球选择 ·································· （65）
边前锋和后腰的配合 ·· （66）
阻止对方中场球员接后卫的短传 ······························ （68）
阻止右后卫接中后卫的传球 ·································· （69）
前场紧逼：本泽马为第一防守人 ······························ （70）
前场紧逼：罗纳尔多为第一防守人 ···························· （71）
前场紧逼：应对4-2-3-1阵型 ································ （72）
前场紧逼：应对4-3-3阵型（1） ····························· （75）
前场紧逼：应对4-3-3阵型（2） ····························· （77）

第四章　皇家马德里对4-4-2阵型球队的防守 ················ （79）

将球封锁在边线附近并阻止对方转移 ·························· （80）
大范围移动到强侧使有球区域形成人数优势 ···················· （82）
多名队员包夹持球队员：夺回球权 ···························· （85）
在有球区域形成人数优势 ···································· （87）
利用体位阻止对手可能的传球 ································ （89）
当皇家马德里边锋占据兼防位置时，实施紧逼 ·················· （91）

目 录

　　前场紧逼并补位 ··（ 94 ）
　　防守边路的进攻组织 ··（ 96 ）
　　对守门员将球传给边后卫的防守 ··（100）
　　在对方罚球区附近形成人数优势 ···（101）

第五章　皇家马德里对4-2-3-1阵型球队的防守 ·······························（103）

　　占据球门一侧紧逼盯人 ···（105）
　　实施紧逼时的兼防站位 ···（107）
　　利用兼防站位防守两名有可能接球的队员 ·································（111）
　　对中后卫后场带球前插的防守 ···（115）
　　对方边后卫在中线接球 ···（117）
　　对方通过守门员在后防线横向转移球 ·······································（119）

第六章　皇家马德里对4-3-3阵型球队的防守 ·································（124）

　　对对方边前锋内切和边后卫居后插上的防守 ······························（126）
　　盯防后撤接球的前锋 ··（128）
　　紧盯内线的传球对象：将球逼向边路 ·······································（130）
　　阻止对方将球直传到中线 ··（132）
　　对对手长传前锋的防守 ···（134）
　　边路2对2防守 ··（136）
　　对守门员将球传给中场队员的防守 ···（140）
　　封堵对手向前场短传渗透 ··（142）
　　阻止对手将球转移到弱侧 ··（144）

第七章　皇家马德里对4-3-1-2阵型球队的防守 ·······························（146）

　　在罚球区附近3人包夹接球队员 ···（148）
　　阻止对方直传并在有球区域形成人数优势 ·································（150）
　　阻止进攻转移 ··（152）
　　紧盯球门一侧的传球对象：将球逼向边路 ·································（154）
　　制造强侧限制对手 ··（156）
　　对将球长传给前插边后卫的防守 ··（158）

第八章　皇家马德里对5-4-1阵型球队的防守 ·································（159）

　　封堵中场队员接后卫的短传球 ···（161）
　　阻止持球队员传球或转身面向前场 ···（163）
　　防守对方在后卫线横向转移球 ···（165）

对将球直接传给左边后卫的防守 ……………………………………………… （167）

对将球直接传给右边后卫的防守 ……………………………………………… （169）

第九章　对弱侧的防守 ………………………………………………………… （170）

对对手将球转移到弱侧的防守 ………………………………………………… （172）

对前场边路2对2的防守 ………………………………………………………… （173）

解决罗纳尔多防守站位不佳的局面 …………………………………………… （175）

对从前场内侧前插的边后卫的防守（1） …………………………………… （177）

对从前场内侧前插的边后卫的防守（2） …………………………………… （179）

对中锋移动到边路的防守 ……………………………………………………… （181）

对前腰移动到边路的防守 ……………………………………………………… （182）

第十章　无法实施紧逼时的防守 ……………………………………………… （183）

对手有带球突破的空间 ………………………………………………………… （187）

对长传球到中场的防守 ………………………………………………………… （190）

对中路空当里中场球员的防守 ………………………………………………… （193）

对方边锋在中路空当接球 ……………………………………………………… （195）

第十一章　对定位球防守 ……………………………………………………… （197）

对角球的防守 …………………………………………………………………… （198）

对战术角球的防守 ……………………………………………………………… （199）

对角球区附近任意球的防守 …………………………………………………… （200）

对罚球区前沿任意球的防守 …………………………………………………… （201）

对掷界外球的防守 ……………………………………………………………… （202）

结论 ……………………………………………………………………………… （205）

作者简介 …………………………………………………………………………… （207）

战术分析方式及图例

1. 比赛阶段的战术概述
2. 比赛阶段的发展进程
3. 球员的站位和移动图解
4. 比赛阶段小结

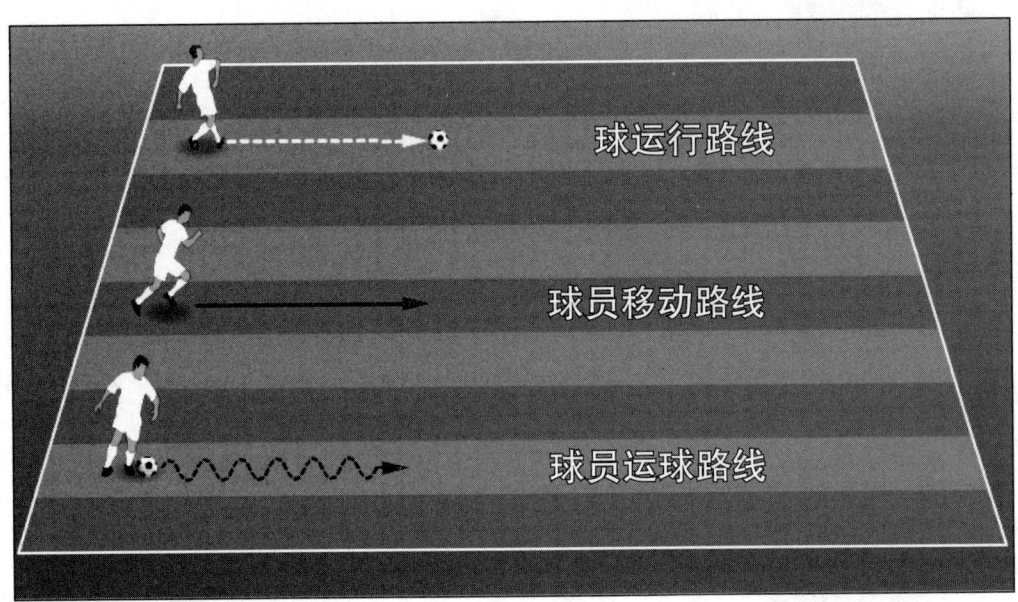

本书中的比赛阶段是如何产生的

阿泰纳斯奥斯·特尔兹斯分析比赛战术的技能非常娴熟,他观看了2011—2012赛季西班牙足球甲级联赛皇家马德里队的所有比赛。本书包含了对比赛1000多个小时的大量深入研究,以及对何塞·穆里尼奥的球队所做的分析。

研究和分析步骤

1. 特尔兹斯观看比赛,观察皇家马德里队的比赛阵型并做记录。

2. 一旦相似的比赛阶段出现过几次(最少10次),这些比赛的战术将被分析破解并做更加详细的记录,并根据对手的比赛阵型再进行分类。

3. 对场上所有球员的站位进行非常详细的分析研究,包括他们的体位。

4. 详细记录每位球员的无球和有球移动跑位。

5. 一旦将所有可能发生的比赛阶段都研究分析之后,SoccerTutor.com 的战术管理程序就会制作出本书中的所有图解。

6. 最后,对皇家马德里队战术体系中的关键环节做出小结,并做出清晰的注解和细致的描述。

如何将本书中的内容运用到比赛和训练中

一些教练员可能会问：我应该如何将这些内容运用到比赛和训练中？

这里将做出演示。

我们将利用一种比赛阶段，通过下面3小节来说明，这种比赛阶段在2011—2012赛季皇家马德里的比赛中曾多次出现。

无人防守对方持球队员时保持防线的安全与平衡：处在空当的中场球员

下图所示为无人防守对方持球队员，其在空当中向前带球，此时阿隆索上前封堵。在他成功封堵之前，对方一直处于无人盯防状态。皇家马德里的4名后卫整体后撤与对手保持安全距离，以防对方前锋在危险区域接球。

拉莫斯紧盯对方9号球员的斜插，佩佩协防，阻止9号球员接队友直传球。

如何将本书中的内容运用到比赛和训练中

下图所示为场上态势继续发展。阿隆索已经补防到位并紧逼对方6号球员。此时对方6号球员已被紧逼盯防，失去了向前传球的机会。皇家马德里后卫洞察到场上的新局势，立即停止后撤。

下图所示为在阿隆索的紧逼下对方6号球员转向边路。由于球不可能传到前场，皇家马德里4名后卫集体前压几码来保持防线之间的严密性，同时也使对方前锋处于越位位置。

实例练习

无人封堵球时的防守

训练目标

提高对无人封堵持球队员时的防守和造越位战术能力。

组织方法

使用整块场地，4名后卫和1名后腰练习这种战术。练习从1名进攻球员运球开始。所有6名球员开始练习的站位如上图中锥形标志物所示。

进攻球员运球开始。当他开始向前带球时，4名后卫就像是紧盯对手的跑动一样集体后撤。后腰横向移动封堵对方持球球员。

当后腰盯防到位时，4名后卫需集体向前移动，这是因为战术场景已经转变为球已经被封堵而失去向前传的机会。后卫的移动可使对方前锋处在越位位置。

训练要点

1. 后卫移动的时机是关键。向前和后撤都需要在正确时机进行精确移动。
2. 4名后卫的移动需保持一致，并保证他们处于一条直线上。
3. 训练开始时可以控制练习速度，以后逐渐提高练习速度。

提高练习

例如，当对方持球队员无人封堵时，后卫紧盯对手的前插。

当成功封堵持球队员后，后卫线整体前压，造成对方前锋处于越位位置。

提高练习

训练目标

提高对持球队员无人封堵时的防守和造越位战术能力。

组织方法

使用整块场地，4名后卫、1名后腰和4名进攻球员练习此战术。所有9名球员开始练习时的站位如上图中锥形标志物所示。

练习从进攻球员运球开始。当他开始向前运球时，3名前锋插到防线后方接应。一旦他将球带到锥形标志物中间的中线时就可以传球。他们的目标是进球。

当无人封堵持球队员时，后卫要紧随前锋的跑动，设法阻止对手射门并将球破坏。

如果后腰能及时补防到位并成功封堵向前传球的机会，这时，4名后卫需要集体前压，造成对方前锋处于越位位置。

训练要点

1. 这种练习也可用于同等条件的进攻训练。
2. 训练时，球员站位要正确，并且要明确自己的具体任务和位置职责。
3. 后卫的移动时机是关键，前压和后撤都需要在正确的时机进行精确移动。
4. 4名后卫的移动需步调一致，确保他们处于一条直线上。
5. 向防线后方的传球力度要适宜，确保前锋能追上球。
6. 可以采用计分制来鼓励两队竞争。

第一章
皇家马德里队员的特点

所有皇家马德里的球员都是国际顶级的球员。部分球员非常全面，在2011—2012赛季西班牙足球甲级联赛中，拉莫斯、迪亚拉、科恩特朗、厄齐尔以及本泽马常常出任多个位置。

像卡西利亚斯、阿隆索和罗纳尔多这些球员，几乎参加了整个赛季的所有比赛。

与巴塞罗那队不同，除卡西利亚斯以外，皇家马德里的青训营并没有为球队输送顶级球员。因此，俱乐部必须花巨资去引进这些顶级球员，这就是皇家马德里被称为世界上最昂贵球队的原因。

队员简介

守门员：伊戈尔·卡西利亚斯

卡西利亚斯是西班牙人，也是近10年欧洲最好的守门员之一。他反应速度快，擅长封堵射门，而且快速有效地破坏对手单刀球的能力也非常出色。同时，他的传接球技术也非常出色，使他能够经常参与球队的进攻组织，无论何时这对于一名球员来说都非常重要。

右边后卫：阿尔法罗·阿韦洛亚

阿韦洛亚也是西班牙人。他是一名非常值得信任的防守球员。无论是对地面球还是对高空球的防守，他的效率都很高。在进攻阶段，当迪马利亚的站位靠近中路时，他会出现在右边路制造宽度。当持球球员（主要是迪马利亚）移动到边线附近时，阿韦洛亚主要利用内侧的空当或套边插上。在进攻端，阿韦洛亚没有左边后卫马塞洛对球队的贡献大。在由攻转守当中，皇家马德里的右边后卫反应迅速，能及时上前紧逼对手或占据有利的位置帮助球队迅速夺回球权。在这个位置上，穆里尼奥有时也会用迪亚拉和拉莫斯。

左边后卫：马塞洛

马塞洛是巴西人，是一名技术出色、速度极快的球员。在进攻阶段他对球队的贡献很大。他经常和罗纳尔多配合，因为葡萄牙人更多时候出现在中路，所以很多时候他负责在左边路制造宽度。马塞洛也经常带球内切来创造机会，或在内侧跑动接应队友。每当持球队员（罗纳尔多、厄齐尔或中锋）出现在左边路的时候，他往往

第一章

会插到对方防线后方的空当。

当巴西人不得不承担防守任务的时候，他的效率就没那么高了。这就是为什么当穆里尼奥需要更可靠的防守球员时，会安排科恩特朗出任左边后卫。

右中后卫：佩佩

佩佩是一名身体非常强壮的葡萄牙球员。他和拉莫斯搭档，无论1对1还是对高空球的防守都有很强的实力。佩佩速度快且对高空球的控制有绝对的优势。然而，当他防守地面球的时候，就会因为注意力不集中和笨拙的铲抢而频频犯规。他不是一名技术娴熟的球员而且在进攻组织中的贡献很有限，尤其在对方紧逼之下更是如此。当佩佩不能上场的时候，阿尔比奥尔和瓦拉内接替这个位置。

左中后卫：塞尔吉奥·拉莫斯

拉莫斯也是西班牙人。他身体强壮，速度和佩佩一样快，但他的技术更为娴熟。拉莫斯以前是一名右边后卫。在2011—2012赛季的部分比赛中，穆里尼奥同样让他踢右边后卫。由于技术上的优势，在进攻当中，拉莫斯的传球和带球前插给球队的贡献远比佩佩大。

他也能进几个球，主要是通过定位球抢点头球得分。卡瓦略在一些比赛中替补拉莫斯出场。

左后腰：阿隆索

阿隆索是皇家马德里攻防的枢纽，是控球中场球员。阿隆索主要在左路活动，因为左路的马塞洛和罗纳尔多都是攻击型球员，因此，他常常作为保护队员补防他们前插后的位置。阿隆索身体强壮，经常能拼抢成功，并且能很好地预判场上可能出现的战术态势，往往能够提前占据恰当的位置来应对潜在的威胁。

在防守阶段，他能及时弥补中后卫大范围移动后的防线漏洞，且常常在有球区域形成人数优势，使球队更容易夺回球权。在2011—2012赛季的所有比赛中，阿隆索成功地完成了426次断球/拦截。当罗纳尔多占据对方边后卫和中后卫之间的防守位置时，阿隆索的角色是保持球队的平衡。

在进攻环节，阿隆索担当连接后卫和前锋的角色，他的短传和长传都能精确地将球输送到对手的弱侧。阿隆索最大的贡献是在由攻转守环节，因为他常常能占据有利的防守位置，迅速紧逼持球球员，帮助球队夺回球权。沙欣是阿隆索的替补，因为穆里尼奥还是信任在大部分比赛中首发出场的阿隆索，所以沙欣上场的机会很少。

右后腰：萨玛·赫迪拉

赫迪拉是一名耐力好、身体强壮的球员，他对进攻的贡献很大。当迪马利亚在边路控球时，他往往插到对方后卫身后利用空当。他频繁出现在罚球区接应来自边前锋或是边后卫的传中球。在2011—2012赛季他有4球进账。

第一章

在防守端，赫迪拉能高效地完成集体紧逼。在1对1当中，他有绝对的优势。在2011—2012赛季的所有比赛中，赫迪拉成功断球195次，帮助皇家马德里主宰了中场。在某些比赛中，迪亚拉替补赫迪拉出场，他在防守端是一名值得信任的球员，但在进攻端却不够高效。穆里尼奥也会让格拉内罗担任防守中场，他是一名攻守均衡的球员。

前腰：梅苏特·厄齐尔

这是一名球技高超且极具天赋的德国人。他的一脚传球是一流的且能频繁地将球传到靠近对方球门的射门位置。

在进攻端，他主要和罗纳尔多、本泽马配合。在比赛中的很多时候，能高效利用罗纳尔多回撤制造的空当。

作为一名攻击型中场，在防守端，尽管他不是那种积极拼抢的球员，但他常常占据重要的防守位置来确保逼抢的成功率。

当厄齐尔踢右前锋的时候，他几乎对防守没有贡献。他经常出现在边后卫和中后卫之间的位置，并且很少追盯对手。在2011—2012赛季中，他打进6球并且完成了23次助攻。当厄齐尔不能出场或踢右边前锋的时候，穆里尼奥会派卡卡出任攻击型中场。

左边锋：克里斯蒂亚诺·罗纳尔多

罗纳尔多是这支球队的巨星。他已经是过去8年里欧洲最顶级的球员之一。他获得了2008年国际足联世界足球先生称号。从转会皇家马德里以后，这位葡萄牙人就成为球队进球最多的球员。在2011—2012赛季，他共踢进59球。他技术出众，速度极快且爆发力强，这使得防守球员对他毫无办法。他不仅有出色的射门能力而且头顶球能力也很强。尽管他擅长右脚，却是一名左边锋。

在进攻端，当皇家马德里层层推进的时候，罗纳尔多常常出现在中路来寻找更多的射门机会。这种靠近中路的站位能让他有更多的机会插入罚球区，接迪马利亚和厄齐尔的助攻，以及接应右路迪马利亚和阿韦洛亚，以及左路马塞洛和厄齐尔的传中球。

当皇家马德里发动快速反击的时候，罗纳尔多能够在边路发现空间并充分利用他的速度优势。

在防守阶段，由于罗纳尔多站位的原因，他对球队的贡献不多。

右边前锋：安赫尔·迪马利亚

这名阿根廷球员兢兢业业，且体力超强、技术出色，无球和有球速度都很快，而且爆发力强。

在进攻端，他经常用其擅长的左脚带球从右侧内切中路，最后选择射门或横传、斜传给本泽马、伊瓜因或罗纳尔多。当他出现在边路的时候，他往往选择传中，将

球精确地传到罚球区制造破门机会。在2011—2012赛季的比赛中，他完成了15次助攻并有7球入账。

在防守端，迪马利亚积极参与整体逼抢并紧盯对方左边后卫的前插。当皇家马德里丢球时，他对球队整体快速反应有很大的帮助。卡列洪常常替补迪马利亚出场。这名小将能出色完成球队的防守重任，但在进攻端却不如迪马利亚高效。

中锋：本泽马和伊瓜因

本泽马和伊瓜因都是一流球员，在整个赛季，他们都司职中锋。

伊瓜因具有中锋的典型特征，经常出现在罚球区附近。本泽马能适应球场上所有的位置，甚至是边路。他们的技术都很出色，并且门前的嗅觉非常灵敏。

在2011—2012赛季，本泽马打进31球，伊瓜因也有26球进账。

第一章

球员时代

- 里奥阿维队，1980—1982年
- 贝伦尼塞斯队，1982—1983年
- 塞斯姆布拉队，1983—1985年
- 科莫西奥工商队，1985—1987年

教练员

本菲卡（2000年）
莱里亚联盟（2001—2002年）
波尔图（2002—2004年）
- 欧冠冠军联赛，2003—2004年
- 葡超联赛，2002—2003年、2003—2004年
- 欧洲联盟杯，2002—2003年
- 葡萄牙杯，2002—2003年
- 葡萄牙超级杯，2003年

切尔西（2004—2007）
- 英超联赛，2004—2005年、2005—2006年
- 足总杯，2006—2007年
- 英格兰联赛杯，2004—2005、2006—2007年

国际米兰（2008—2010年）
- 欧洲冠军联赛，2009—2010年

何塞·穆里尼奥

- 意甲联赛，2008—2009年、2009—2010年
- 意大利杯，2009—2010年
- 意大利超级杯，2008年

皇家马德里（2010年— ）
- 西甲联赛，2011—2012年
- 国王杯，2010—2011年

穆里尼奥是现代足球史上最好的足球教练员之一。他在本菲卡和莱里亚联盟开始自己的执教生涯。2002年1月，他开始执教波尔图，开启其梦幻般的两个赛季。他帮助球队两次夺得葡萄牙超级联赛冠军、一个葡萄牙杯赛冠军、两个欧洲赛事冠军，即2003年欧洲联盟杯和2004年欧洲冠军联赛冠军。

他的成功使罗曼·阿布拉莫维奇将欧洲最有前途的球队——切尔西交给了他。穆里尼奥执教切尔西三个赛季，帮助球队连续两年夺得英超联赛冠军（2005和2006年）。

在切尔西第四个赛季刚开始的时候，他被迫辞职。2008—2009赛季他接过国际米兰的教鞭，穆里尼奥在国际米兰的两年非常成功（2008—2010赛季）。

葡萄牙人又一次成就了自己。第一个赛季他就带领球队赢得意甲冠军，并且在第二个赛季实现了"三冠王"（意甲冠军、意大利杯冠军、欧冠冠军）。

在接下来的赛季，皇家马德里主席弗洛伦蒂诺让穆里尼奥掌舵皇家马德里，使其重回西甲巅峰。他在皇家马德里的第一个赛季并不顺风顺水，只获得了国王杯冠军。然而，在第二个赛季他又一次取得成功，帮助球队力压瓜迪奥拉的巴塞罗那队夺得西甲冠军。

穆里尼奥执教过的所有球队，都是在第二个赛季取得成功。

皇家马德里首发11人

2011—2012赛季（4-2-3-1阵型）

第二章

皇家马德里比赛的四个环节

皇家马德里的防守环节

当皇家马德里失去球权时，主要采用在对方罚球区附近实施紧逼防守来夺回球权。后卫通过与中场球员及前锋的积极配合，采用区域紧逼盯人，从时间和空间上封锁对手。

在防守端，中场球员通过占据有利位置，对对手形成双人包夹，尽可能快地夺回球权，并通过提高比赛的控球率压制对手。

皇家马德里的由攻转守环节

穆里尼奥打造了一支在由攻转守环节效率极高的球队。

为了应对由攻转守，当进攻还在发展当中时，皇家马德里球员就已经做好了防守准备。他们要确保在进攻阶段也能时刻保持攻守平衡。

当皇家马德里失去球权时，始终有一名球员能及时地对对方实施紧逼。更重要的是，在丢球区域的球员能迅速反应，形成一个有序整体的积极反抢，帮助球队迅速夺回球权。

如果不能及时夺回球权，皇家马德里的球员能确保中场安全并且迫使对方将球传到边路。皇家马德里在由攻转守环节的高效，意味着这支球队能在大部分比赛中控制比赛节奏，主宰比赛。

皇家马德里的进攻环节

当皇家马德里控球时，他们会充分利用场地的宽度。左路边线附近的马塞洛前插制造宽度，右路由迪马利亚拉边制造宽度，或者当迪马利亚向中路移动的时候，由阿韦洛亚前插到边线附近制造宽度。

皇家马德里球员非常擅长边路进攻和中路渗透。当罗纳尔多和迪马利亚移动到中路，制造中路人数优势的时候，球员之间主要通过短传渗透（直传和斜传）组织进攻。

如果对方边路的中场球员移动到中路来限制皇家马德里的活动空间时，皇家马德里的后腰或中后卫会将球长传转移给边线附近的边后卫。

阿隆索负责控制比赛节奏，并协助球队完成第二阶段到第三阶段的进攻组织。最后一传（组织进攻的第三阶段）常常由厄齐尔、迪马利亚或是擅长内切中路的罗纳尔多负责。他们积极跑动，最后将球传给（直传或斜传）适时插入罚球区的队友。

皇家马德里的前锋身材高大并且在罚球区内的头顶球能力强。所以当球队在两翼组织进攻时，最后的进攻往往通过边路传空中球来寻找机会。这些传中球主要来自左路的马塞洛，有时是厄齐尔和右路的阿韦洛亚。

赫迪拉也经常在右路传中，不过他通常在罚球区边缘传中，而且传球以低平球居多。

左路主要是迪马利亚，有时是厄齐尔，右路是罗纳尔多，他一般在距罚球区较远的边线附近传空中球。

皇家马德里的由守转攻环节

正如前面所提到的，皇家马德里的攻守转换效率非常高。在由守转攻阶段，可以说在2011—2012赛季，他们是世界上做得最好的球队。

由守转攻阶段的成功应该归因于球员的出色能力。罗纳尔多、迪马利亚、本泽马和伊瓜因的速度，加上厄齐尔在恰当时机出色的传球能力。

穆里尼奥利用罗纳尔多欠佳的防守站位（因为在防守阶段，他的站位比较靠前），作为球队快速反击的重要利器。

皇家马德里甚至有能力利用防守定位球的机会来反击对手，创造破门得分机会。

第三章

皇家马德里的防守环节

人们通常将穆里尼奥看作一名防守型教练。他执教过的球队在防守端表现得非常出色，这也是他能带领波尔图队和国际米兰队两次夺得欧冠冠军的关键因素。

在执教皇家马德里队期间，穆里尼奥再次成功打造了一支对手很难制造出进攻机会的球队。原因就是皇家马德里队的防守非常稳健。穆里尼奥将阿隆索安排在罗纳尔多身后以弥补其防守的不足。阿隆索是左路的控球中场并且是连接前后场的枢纽。他能准确地判断和分析场上态势，并及时补位或占据有利的位置来处理各种出现的困难。

皇家马德里防守的主要因素

不冒险（据守球门一侧）盯防。 在出现进攻纵深时，皇家马德里队的后卫不会冒险前压防线。相比于采取造越位战术，他们更愿意紧盯直接对手来保持处于有利的防守位置，防止对手在防线后方接球。

后卫的区域紧逼盯人。 皇家马德里后卫紧盯他们的直接对手，即使对手后撤到很靠后的位置也紧追不舍。皇家马德里的所有后卫身体强壮、速度快，他们在拼抢中优势明显，所以他们之间的站位不需要保持很近来相互支援和保护。他们常常紧随对手以限制其活动时间和空间。不过，后卫和后腰以及后卫和边锋之间默契的配合非常重要，这是因为当后卫紧逼对手而离开负责的防守区域时，防线就会出现漏洞和空当。

保持后卫线和前卫线的紧密。 后卫常常保持一条直线，使后防线保持紧凑的同时能够压缩与前卫线之间的空间。

后卫和控球中场阿隆索之间的默契配合。 这能使球队及时弥补防线出现的任何漏洞。当对方一个中后卫长传球转移到边路时，皇家马德里的防线就会出现漏洞。阿隆索能迅速分析场上战术态势并及时占据有利位置弥补防守漏洞。他常常是一个维持球队平衡的球员。

有效紧逼， 皇家马德里在对方罚球区附近实施紧逼。为了反抢成功，所有球员统一行动。不过，后腰的角色非常重要，因为他必须占据恰当位置来应对战术态势的改变。阿隆索和赫迪拉的位置取决于皇家马德里队边锋在球场的位置。

第三章

不冒险（据守球门一侧盯防）

全场紧逼时，皇家马德里队4名后卫通常将防线前压，缩短与中场球员的距离来保持球队阵型的严密。然而紧逼反抢不是经常能成功，有很多次，当皇家马德里队的防线前压时，出现了对方控球球员无人封堵的情况。

大多数情况下，在保持防线严密的前提下，4名后卫通过占据有利防守位置相互提供支援和保护。这就意味着防线不会再前压，而是占据本方球门一侧的有利位置紧盯对手，并保持几码的有利距离防止对手将球传到身后。

小结

当球队防线整体前压时，大多数情况下没有风险。实例所示，当对方前锋提前移动，试图在防线后方接球。在这种情况下，后卫往往会使用造越位战术。

第三章

如图1所示,阿韦洛亚占据球门一侧防守对方球员,其位置不仅能够确保他在前压或后撤时处在一个有利的起始位置,而且能够确保对方持球球员和11号球员都处在他的视野范围之内。如果对方11号球员试图跑动插入危险区域接可能的长传球,阿韦洛亚的位置也能够确保紧盯对手。同时,如果对手先接到球,阿韦洛亚也能够限制其接球后的活动空间。

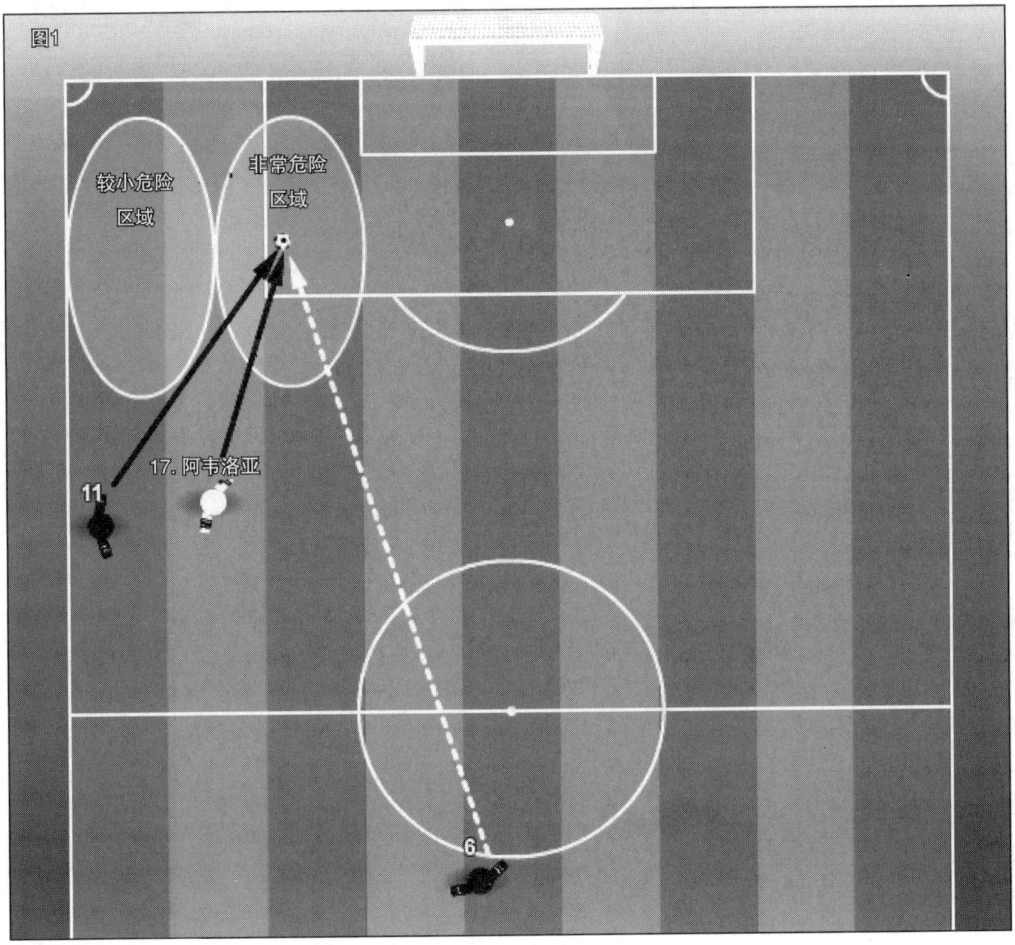

图1

如图2所示，对手直接将球长传到危险性较小的区域，即使在这种情况下，阿韦洛亚也有可能先获得球。但是，如果对方11号球员先获得球，阿韦洛亚将迅速上前封堵，在其他3名后卫回防到有利防守位置之前，设法阻止11号球员将球低传入罚球区。

如果对方11号球员在逼抢之下高空球传中，这时佩佩、拉莫斯和马塞洛已经在右侧占据有利位置，不会给对方前锋头顶球破门的机会。

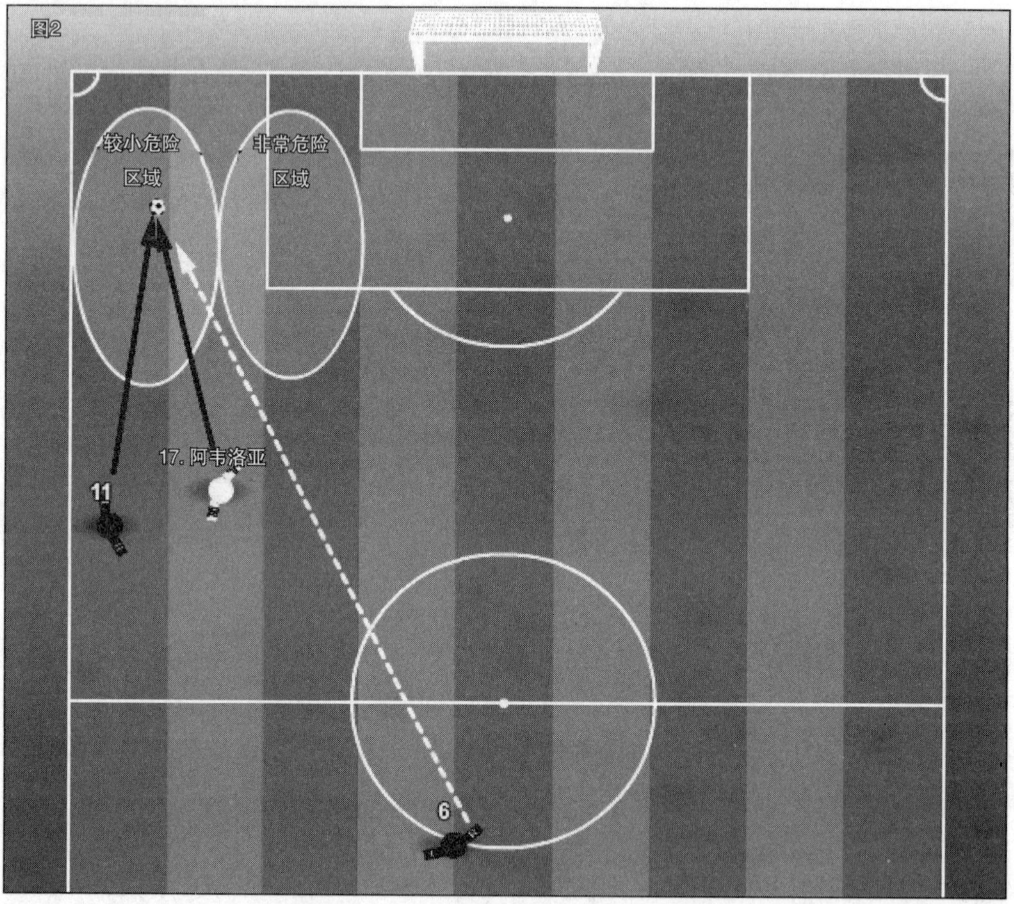

第三章

如图3所示，佩佩占据球门一侧有利位置紧盯对方9号球员。如果9号球员前插接球，佩佩能将球拦截。如果对手将球传到危险区域，有利的站位能保证佩佩先控制球。

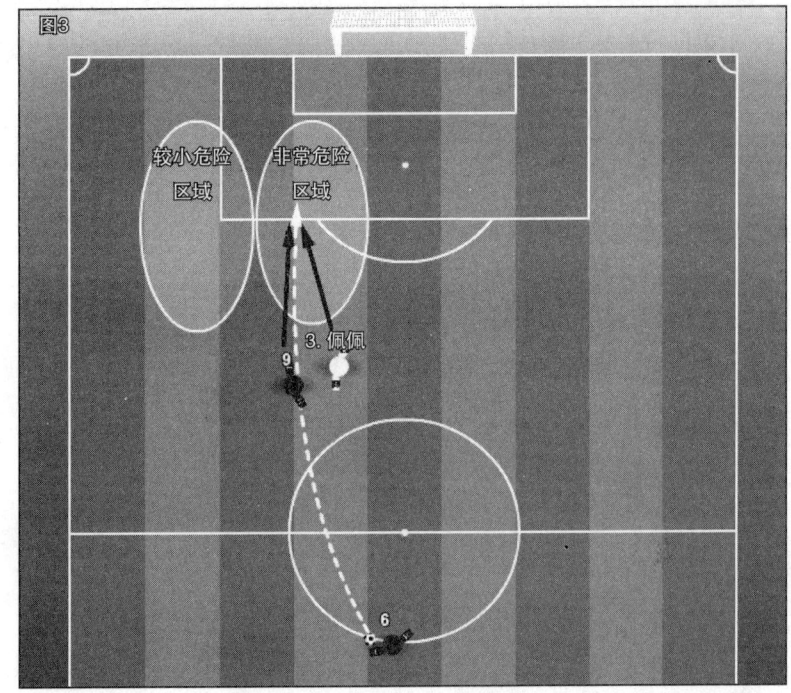

如图4所示，对手将球直接传到危险性较小的区域。如果对方9号球员先获得球，佩佩再次立即对其逼抢，使9号球员只有很短的时间完成传中，降低了对球门的威胁。

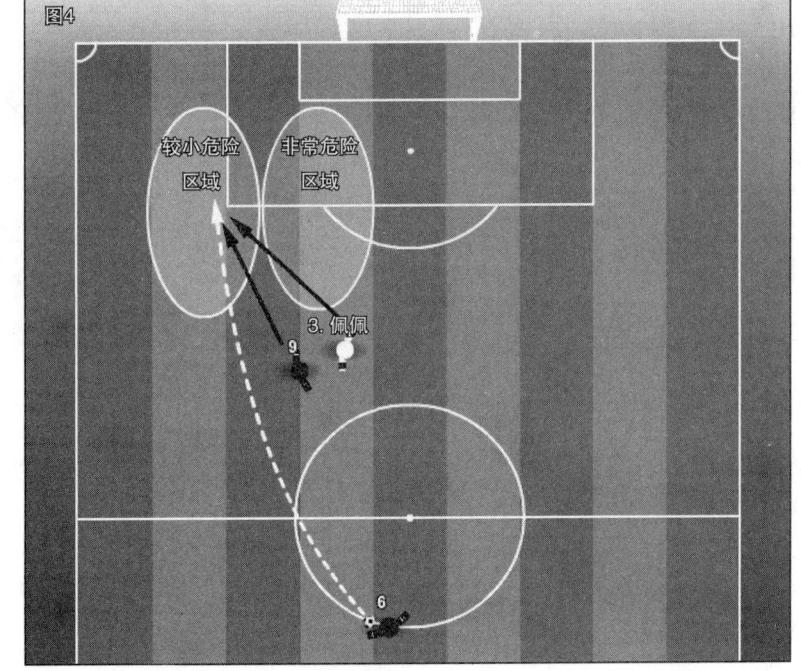

如图5所示，这次皇家马德里队面临的情况有所不同。对方9号球员在拉莫斯的身前，同时持球队员在右路边线附近。在这种情况下，皇家马德里队的2名中后卫之间保持较短的距离。

拉莫斯必须时刻注意9号球员的位置，为防止对方将球传到防线后方的危险区域，要在9号球员身前保持几码的距离优势。

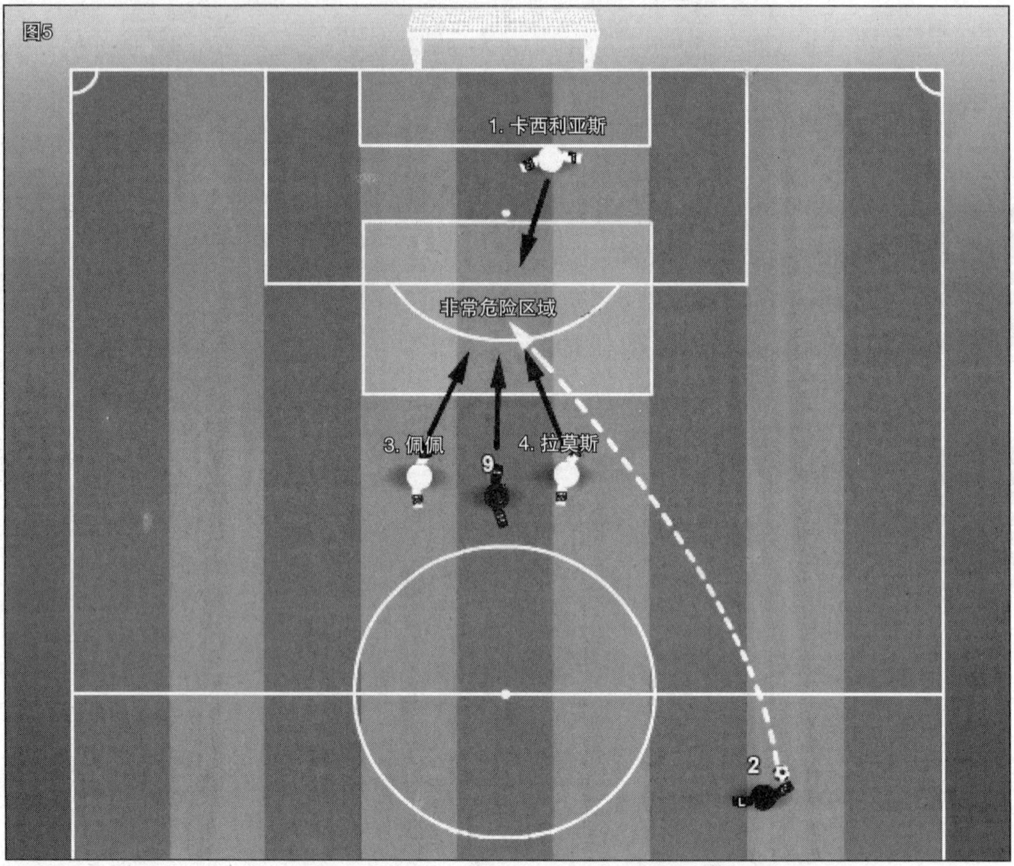

第三章

紧逼盯人

皇家马德里队后卫的一大主要特点就是对进入自己负责防守区域的对手实施紧逼盯人。这种防守战术有它的优点，也有它的缺点。

优点

紧逼盯人给对方前锋接球制造了很大麻烦，如果对手成功接球，留给对方处理球的时间也很短暂。如果对方前锋接球后处理球时间很短暂，就不利于其队友及时（中场球员和后卫）推进到前场而形成以多打少的局面。

当皇家马德里队夺回球权时，紧盯对手的后卫能及时前插，参与到队友的进攻组织之中。

缺点

有时，相比于非侵略性的防守，这种防守战术会造成后卫之间的距离比较大。所以在围绕有球区域的防守中不能及时形成人数优势，并且后卫都专注于紧盯身前的对手，不能及时支援和保护队友。可以肯定的是，如果一支球队缺乏拼抢能力强的后卫，区域盯人将会给球队带来很大麻烦。

不过，皇家马德里队的后卫速度快、身体强壮，同时，无论是对空中球还是对地面球的争抢，他们的能力都非常强。这使皇家马德里队的防线非常稳固，即使是在（在罚球区内外）双方人数相等的局面下防线也非常稳固。

穆里尼奥在皇家马德里队的第一个赛季（2010—2011赛季）非常失败。在这个赛季，球员在防守端极其被动。所以，第二个赛季（2011—2012赛季）穆里尼奥决定采用紧逼盯人的防守战术。

2011—2012赛季，穆里尼奥根据球员非常强壮这一特点，打造了一支无论在防守阶段还是由攻转守阶段，都表现出拥有无穷能量的球队。球员在这两个环节的积极跑动和拼抢也直接影响到了进攻阶段和由守转攻环节。

这种战术的运用使皇家马德里成为一支控球率更高、速度更快的球队，同时，也可以说是世界上最好的快速反击球队。

小结

经常运用紧逼盯人是不可能的。在某些战术情景下，皇家马德里队的后卫也不得不被动防守。

球被封堵时的防守站位

如图6所示,阿隆索对中场的6号持球球员实施紧逼。4名后卫一字排开且相互之间保持较短距离。不过,他们的站位要取决于对方前锋尤其是边前锋的站位。

如图7所示,与上一比赛场景唯一不同的是左边前锋(11号球员)的站位更靠近边线。为了紧盯11号球员,阿韦洛亚和其他3名队友保持一条线的同时他的站位更靠近外侧。这种站位可以确保当11号球员接球时阿韦洛亚能及时上前封堵,甚至当11号球员快速前插到传球路线上时,他能阻止边前锋接球,率先断球。

第三章

防守靠近边线站位的边锋

如图8所示，仅3名后卫站位保持一条线。为了紧盯对方左边前锋11号球员，阿韦洛亚的站位比较靠前，因为这个比赛场景中对方11号球员的站位比较靠后。

球由被封堵转变为无人封堵的局面

如图9和图10所示，球由被封堵转变为无人封堵的局面。皇家马德里队后卫根据对方前锋的位置选择站位。在球被封堵的时候，皇家马德里的后卫线呈一条直线。

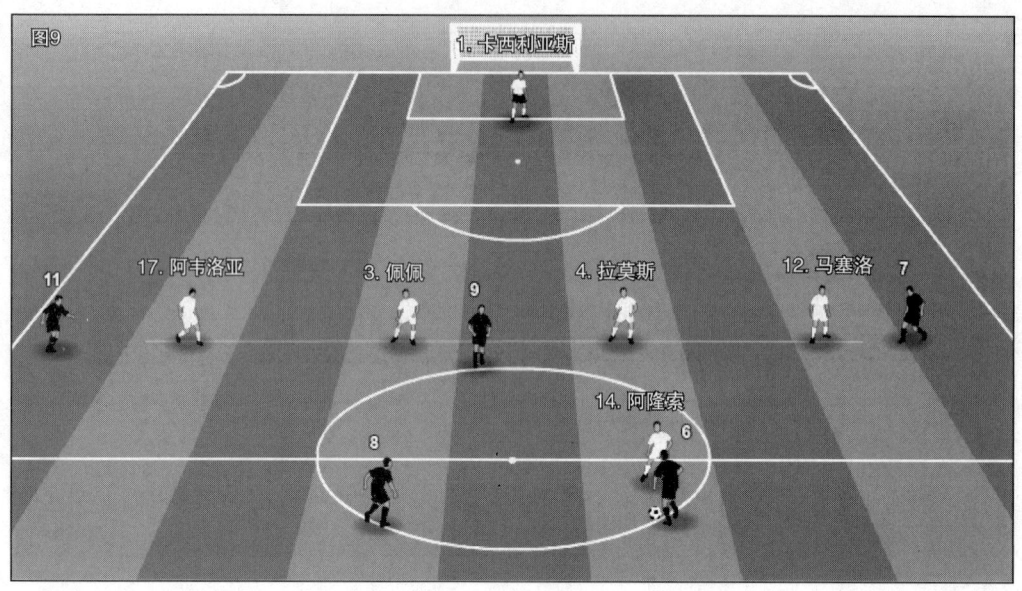

当对手将球传到8号球员脚下时，对方8号球员无人盯防，皇家马德里队后卫迅速占据球门一侧的防守位置确保安全。阿韦洛亚和马塞洛后撤几码以防边前锋在危险区域接球。同时，佩佩紧随企图在中线附近接应的9号球员。拉莫斯后撤保护佩佩并协防左边前锋11号球员。这个比赛场景中对方11号球员的位置比较靠后。

第三章

4名后卫对无人封堵持球球员局势的防守

图10为4后卫站位不呈一条直线，但他们能及时相互进行保护并能应对任何可能的传球。图11为4后卫一字排开，场上局势从球被封堵转变为无人防守局面。

如图12所示，对方8号球员一接球，3名前锋就迅速前插到防线后面策应进攻。皇家马德里队后卫紧盯对手，迅速向本方球门移动，并占据球门一侧的防守位置以防对手在危险区域接球进攻。

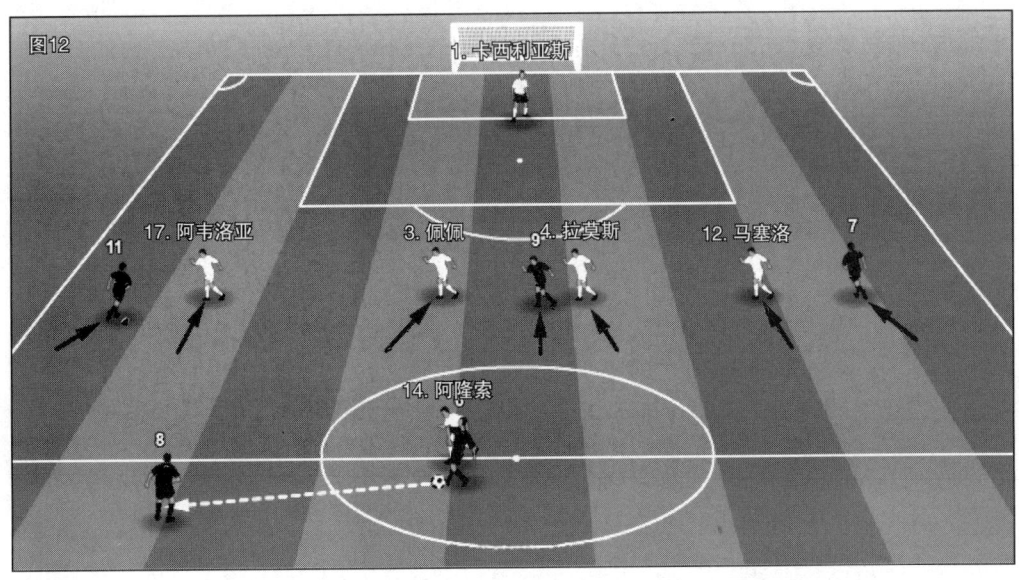

当无法紧逼盯防对方前锋时

如前所述，紧逼盯防对方前锋不是万能的。如图13、图14和图15所示，皇家马德里队后卫没有采取紧逼盯人，而是移动保护队友，保持防线的平衡。

图13为对方9号球员向持球队友移动试图接球。佩佩追盯9号球员，这导致防线出现缺口。阿韦洛亚果断放弃紧逼战术，转向中路弥补佩佩失位后的漏洞。

第三章

如图14所示，对方8号球员将球传给6号球员，9号球员上前接应。拉莫斯紧随9号球员，这导致防线出现漏洞。对方10号球员斜插到拉莫斯身后的空当。马塞洛放弃紧逼盯人移动到中路补防。

如图15所示，边前锋（7号球员）和中锋（9号球员）回撤接应4号球员。拉莫斯和马塞洛前压追盯，佩佩后撤补位。阿韦洛亚也停止紧逼并移动到中路提供保护。

当无人封堵持球队员时保持安全与平衡：空当的中卫

如图16、图17和图18所示，不仅持球队员无人封堵，而且这名队员还带球向前推进几码。

图16为对方6号球员向前带球，阿隆索上前封堵。在他移动封堵之前，持球队员处于无人封堵的战术态势。皇家马德里队的4名后卫集体后撤，相互保持安全距离以防对方前锋在危险区域接球。

拉莫斯紧盯9号球员的斜插，佩佩协防形成包夹，防止9号球员接直传球。

第三章

如图17所示，前面的局势继续发展，阿隆索补防到位并紧逼6号球员，此时球被封堵，6号球员失去向前传球的机会。当皇家马德里队后卫观察到场上新的战术态势时，停止向球门后撤。

如图18所示，在阿隆索的紧逼之下对方6号球员转向边路。由于无法向前传球，4名后卫集体前压几码以保持防线的严密性，同时也造成对方前锋处于越位位置。

占据球门一侧防守并追盯：确保安全

如前所述，皇家马德里队的后卫速度快、身体强壮而且拼抢出色。这就是皇家马德里队的后卫为什么不去尝试将防线太过前压的原因，他们认为那样做风险比较大。他们更愿意占据球门一侧的有利位置，紧随对手以防前锋可能插到防线后方接球。

当持球队员无人封堵时，所有后卫占据球门一侧的有利位置来确保安全。右边后卫阿韦洛亚后撤几码占据有利防守位置，以防对方将球传到防线后方。皇家马德里队的边后卫常常面对这样的比赛场景，即当球未被封堵，同时对方边前锋企图利用皇家马德里防线后方的空当。如果他们认为此时和中后卫保持一条直线存在风险，他们就不会墨守成规而是占据球门一侧紧盯对方边前锋。

如图19所示，对方6号球员向前带球，处在本方半场的阿隆索迅速上前封堵。除阿韦洛亚后撤几码以防对方11号球员插到身后外，其他后卫都占据球门一侧的防守位置。

第三章

如图20所示，对方11号球员和7号球员内切，阿韦洛亚和马塞洛追盯。佩佩紧盯对方9号球员，拉莫斯后撤几码协防。当阿隆索补防到位成功封堵对方持球队员时，阿韦洛亚和马塞洛立即停止后撤。

如图21所示，阿隆索不仅补防到位，而且迫使对方后撤。当对方持球队员被迫向边路移动，无法将球传给前锋时，后卫随即再度保持一条直线。这不仅恢复了球队防线的严密性，而且造成对方11号和7号球员处于越位位置。

第三章

紧逼盯人时的补位保护

如图22所示,场上局势为阿韦洛亚(皇家马德里弱侧的边后卫)保持对身前对手的紧盯。

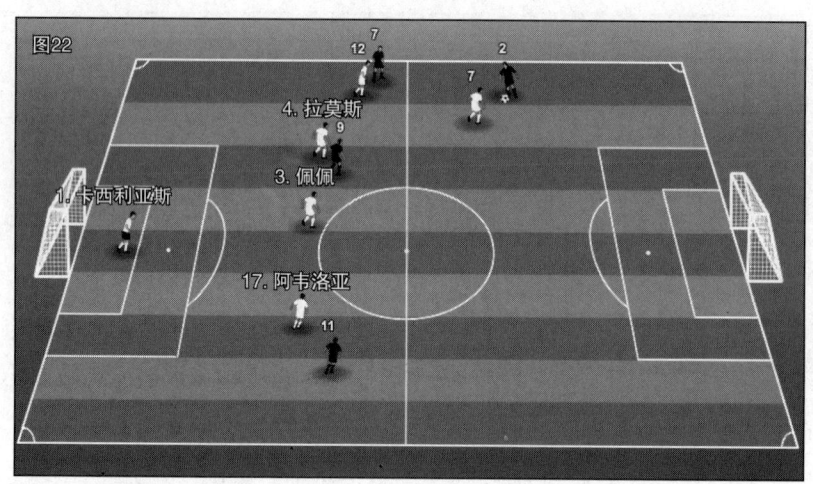

如图23所示,靠近皇家马德里球门一侧类似的情况再次出现。这次阿韦洛亚没有紧逼盯人,而是移动到中后卫佩佩身旁,这样可以支援队友,也可以更好地保护本方球门。

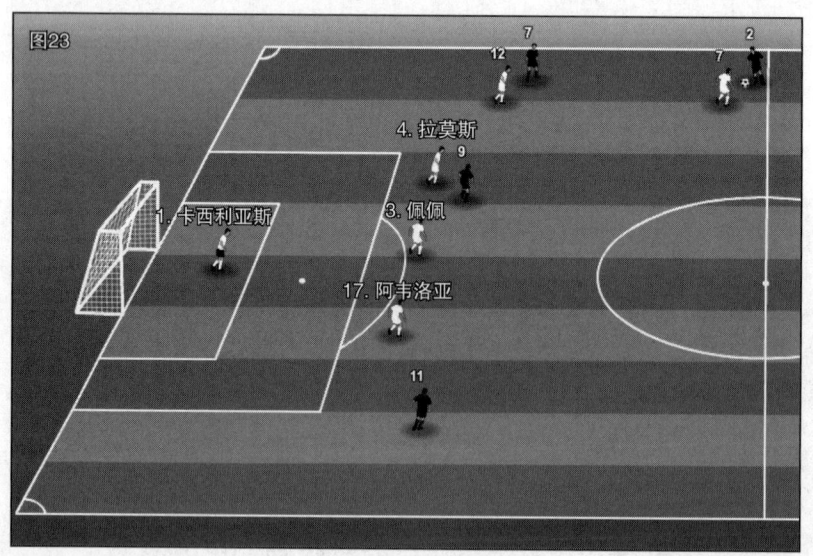

小结

当对手在靠近皇家马德里球门附近发起进攻时,后卫之间要缩短距离,这样可以及时的相互提供保护和支援。在罚球区里,后卫又可以紧盯对手。

第三章

放弃紧逼盯人以保持球队平衡

[例一] 如图24所示,对方8号球员晃过阿隆索并向前带球。

赫迪拉后撤追盯持球队员,其他后卫向本方球门回撤,为赫迪拉封堵对手争取时间。阿韦洛亚和马塞洛放弃紧逼盯人,转向支援中路以使防线更加严密。

[例二] 如图26所示，和上述比赛情景类似，对方8号球员再次晃过阿隆索并向前带球。由于这次没有球员去补防封堵持球队员，后卫集体后撤并收缩防线，且在对方8号球员进入罚球区外的射程内之前，拉莫斯及时上前封堵。

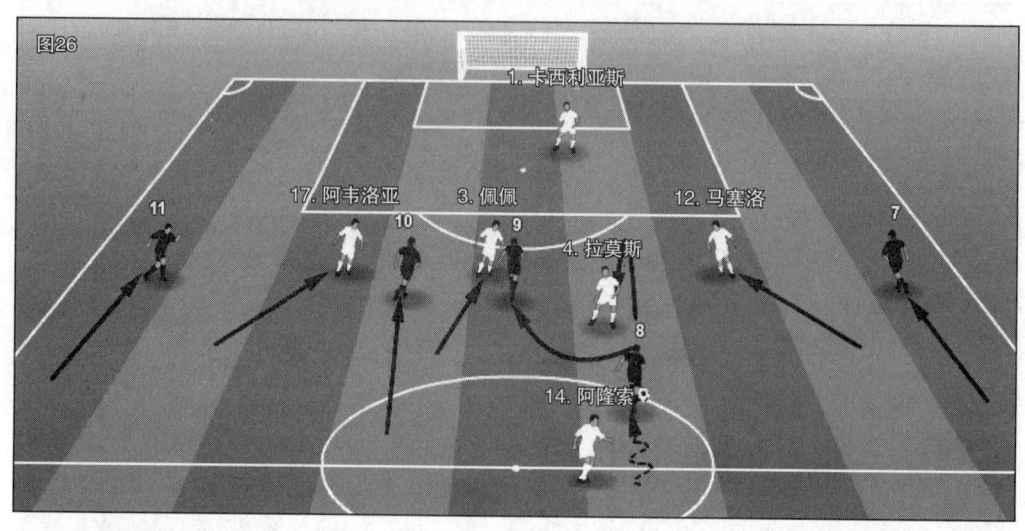

当球在边线附近时

如图27，拉莫斯大范围跑动，从中路转移到边路。为了使防线保持平衡，阿韦洛亚放弃紧逼盯人，移动到中路。

弱侧边后卫的站位

如图28～图33所示，这种比赛场景出现在皇家马德里的罚球区附近。在某些情况下，阿韦洛亚（弱侧边后卫）的站位紧靠对手，而在另外一些情况下，他则防守空当而不是紧盯所负责的防守对象。

图28所示为对方右边后卫控球，罗纳尔多上前封堵，同时，马塞洛盯防靠近持球队员的7号球员，其他3名后卫保持一条线并随时准备支援马塞洛。

阿韦洛亚的站位靠近佩佩，这时他的防守对象11号球员无人盯防。

图29所示为对方11号球员的位置靠近中路。

接下来的比赛情景是阿韦洛亚紧盯对方11号球员。这是因为对方2号球员可能将球传给6号球员,这使11号球员有机会在防线前无人盯防的情况下轻松接球(图30)。

第三章

如图31所示，尽管对方10号球员插到中路，并在罚球区外形成2对2的局面，但阿韦洛亚仍保持原来的位置。像这种情况，大部分球队的反应是右边后卫靠近中后卫来确保身后的安全。不过，在1对1局面下皇家马德里队中后卫具有极高效率，所以他们并不惧怕罚球区外围人数均等的情况发生。

如图32所示，对方2名前锋组织进攻。阿韦洛亚的位置靠近中卫（佩佩和拉莫斯），马塞洛防守持球队员附近的7号球员。之所以出现这种站位是因为对方11号球员的位置靠近边线，在这种情况下，球很难传给11号球员，所以阿韦洛亚占据靠近中路的位置来支援拉莫斯和佩佩。

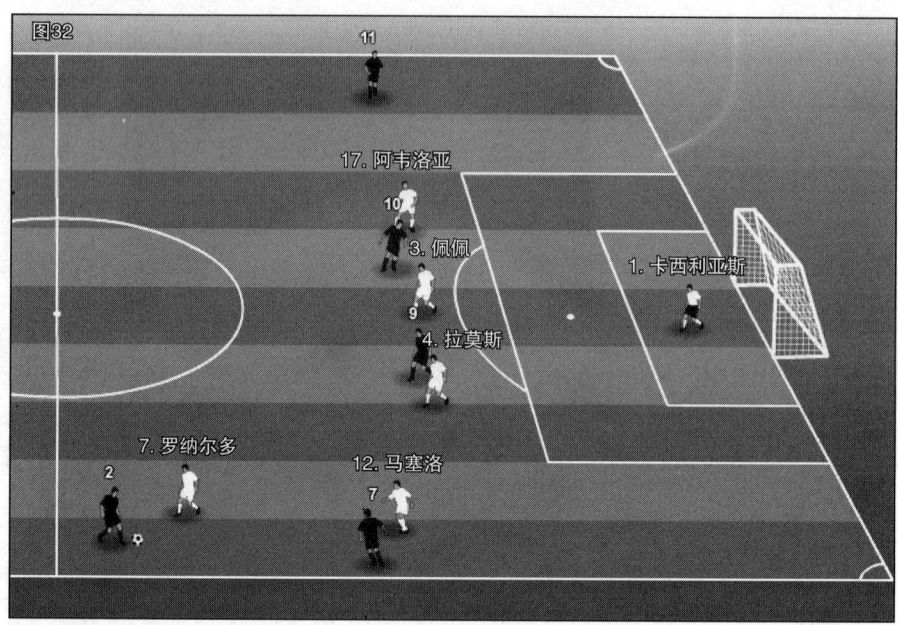

如图33所示，4名后卫一字排开，因为马塞洛身前没有进攻球员需要盯防，所以也不需要其他球员的支援。

罚球区边缘附近的防守

如图34所示，阿韦洛亚对罚球区边缘附近的持球队员实施紧逼，其他3名后卫的站位与其保持一条直线，并没有上前支援。

图34中所示的站位非常重要。在这个比赛场景中，边前锋将球传给罚球区前沿的队友（图35）。由于皇家马德里防守严密，所以在距10号持球队员最近的后卫实施紧逼并封堵射门之前，留给他处理球的时间非常短暂。

边线附近的防守

皇家马德里队是一支非常稳定的球队，尽管在首发11人当中部分球员对防守的贡献比较小。最典型的就是罗纳尔多，他很少会追盯对方右后卫。为了解决这个问题，穆里尼奥将阿隆索（控球中场）安排在左侧罗纳尔多的身后。

阿隆索是皇家马德里队的大脑，尤其是在防守环节和由攻转守当中。他能够预判到场上的发展态势并及时占据恰当的位置保持球队平衡。不过，在阿隆索上前封堵之前，对方的右边后卫还是有较长的处理球时间。

如图36和图37所示，当对手在右路发起进攻时，球队如何保持平衡。在这个比赛场景中，对方右边后卫向前带球时罗纳尔多没有追盯。

图36为对方右边后卫向前带球，3名后卫（阿韦洛亚、佩佩和拉莫斯）站成一条直线。马塞洛紧盯对方向前跑动的7号球员，这时，后腰阿隆索上前封堵并担任第一防守人的角色。

马塞洛没有上前封堵2号球员，因为这时对方在边路已经形成2对1的局面。持球队员有足够的时间处理球，其他3名后卫集体向本方球门后撤来保持安全距离，同时收缩防线（缩短彼此间距离）并给阿隆索上前封堵2号球员争取时间。

第三章

图37为阿隆索一旦补防到位，后卫就集体停止后撤。赫迪拉向强侧移动以保持平衡。

如图38、图39和图40所示，4名后卫保持一条直线。

图38为对方2号球员接球后向前带球。

如图39所示，阿隆索移动到边路成功封堵了对方持球队员。当球被封堵时，后卫立即停止后撤。

当阿隆索迫使对方持球队员转向边线时，后卫利用这个机会再次收缩防线。他们集体前压，减少进攻纵深并造成对方前锋处于越位位置（图40）。

小结

阿隆索经常负责防守对方右边后卫的前插。这主要是因为罗纳尔多对防守端贡献少，同时避免马塞洛面对1对2的局面。

第三章

罚球区左侧和边线之间区域的防守

图41和图42所示的战术场景为对方边前锋（7号球员）在右边路控球，马塞洛对持球队员实施紧逼，阿隆索上前协防，形成双人包夹的人数优势。

由于马塞洛位置靠前，对方9号球员插向边线，拉莫斯被迫紧随9号球员跑动而不是试图前压造成对手越位。

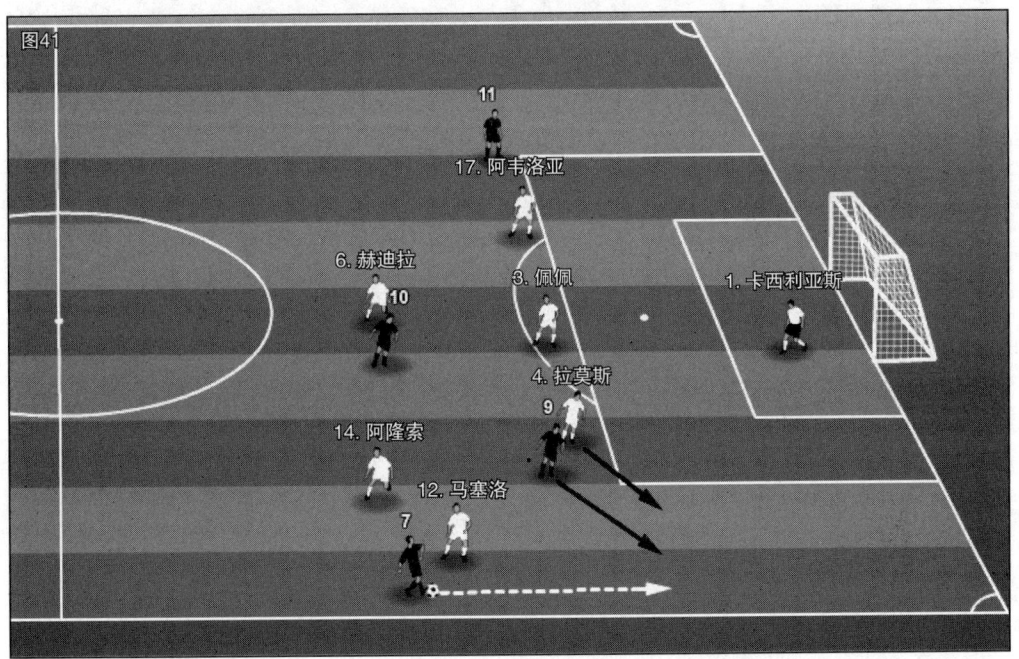

由于拉莫斯移动到边线附近，致使防线中路出现漏洞，阿隆索后撤到中后卫的位置补防，以确保罚球区内本队的人数优势。马塞洛接替阿隆索的位置并靠近拉莫斯提供支援，赫迪拉移动到罚球区前沿（图42）。

小结

在这个比赛场景中阿隆索成为球队的关键。同时也表现出皇家马德里在防守中的高度一致性。值得注意的是，马塞洛和拉莫斯离开自己的防守位置对对方持球队员实施紧逼时，阿隆索补防到中后卫移动到边线后留下的空当，保持4后卫的平衡。

第三章

罚球区右侧和边线之间区域的防守

和罚球区左侧情况相似，图43和图44所示为皇家马德里队的相应防守。阿韦洛亚防守持球队员，赫迪拉上前支援并在有球区域形成人数优势，如果有必要，赫迪拉协防包夹。

如图44所示，佩佩移动到边路盯防对方10号球员，然而，这也使防线中路出现空当。阿隆索再次补防到罚球区内中后卫的位置，阿韦洛亚上前支援佩佩，赫迪拉占据罚球区前沿位置。

小结

在这个实例中我们再次看到了阿隆索的重要作用。这次佩佩转向另一侧边路，阿隆索移动到中后卫的位置补防。当阿隆索观察到2名中后卫之间的空当较大时，他常常会补防到他们中间。

在右边路紧逼盯人时边后卫与后腰和边锋的配合

皇家马德里队的后卫实施紧逼盯人以防止对方前锋有足够的时间处理球,并限制对手的活动空间。后卫成功地运用紧逼盯人需要边前锋的帮助。在图45所示的比赛情景中,可以采取紧逼盯人,不过,有时边前锋的位置不好,也影响了后卫使用此战术。

如图45和图46所示,迪马利亚的位置允许阿韦洛亚压上追盯对方11号球员,同时赫迪拉也一起协防。

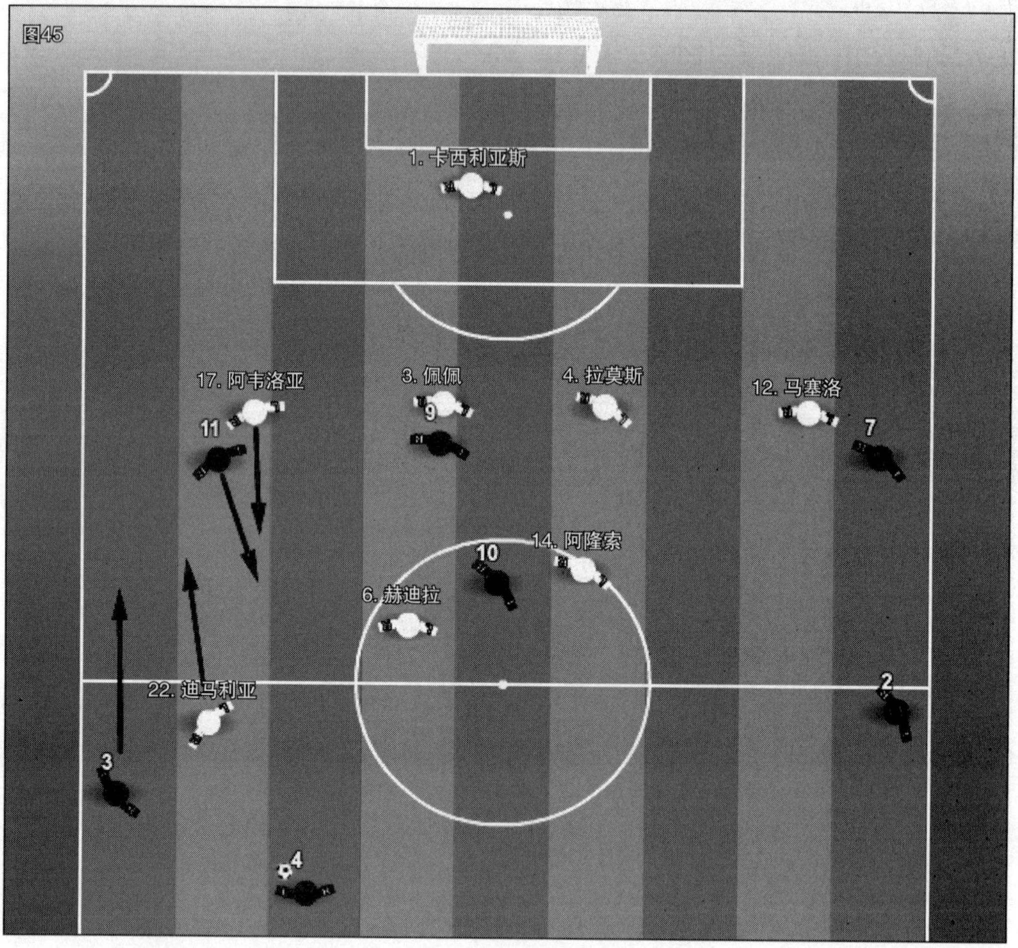

第三章

如图46所示，迪马利亚的站位也能让他紧盯对方3号球员的移动。

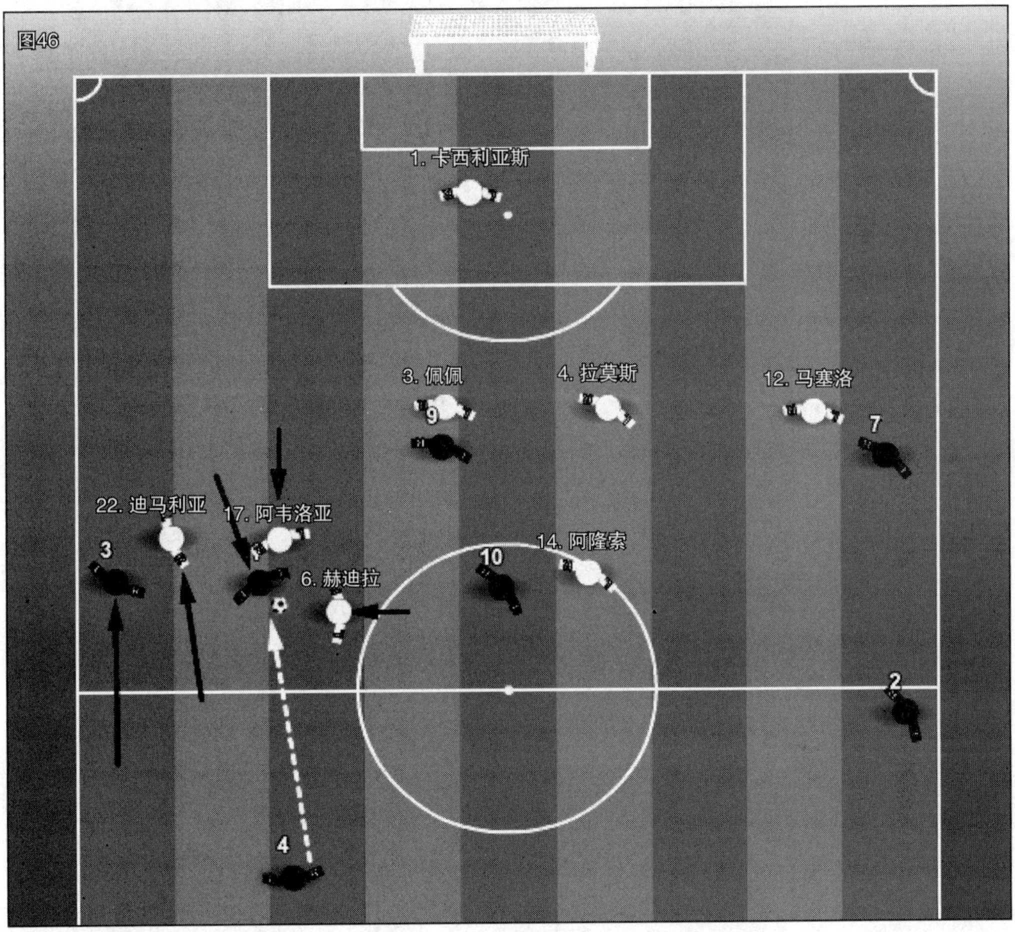

![图46]

当对方11号球员接球时，遭到阿韦洛亚和赫迪拉的双人包夹，这也意味着阿韦洛亚并没有打乱球队的平衡，他可以自由追盯11号球员的接球。

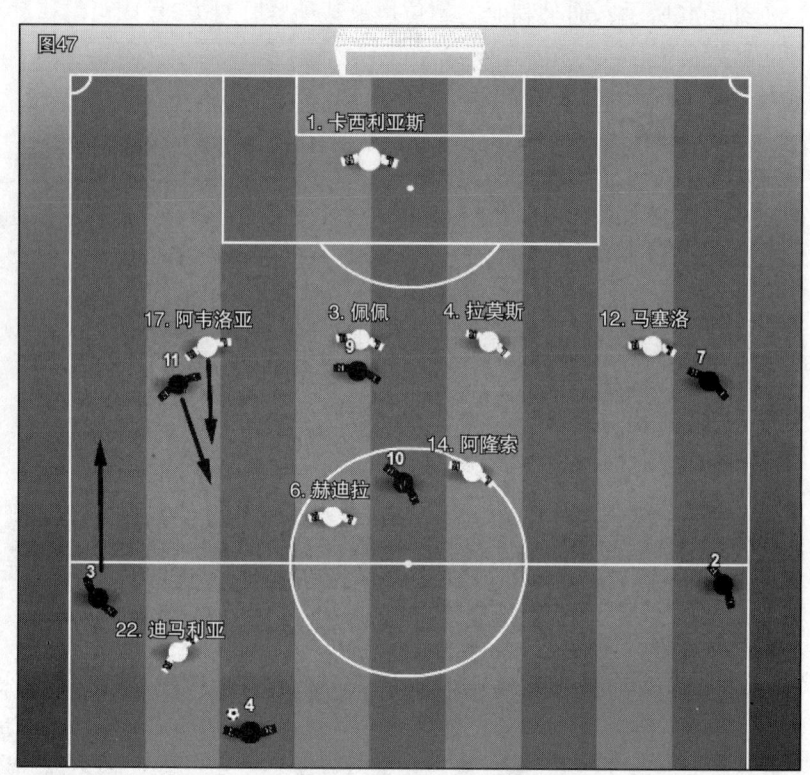

如图47和图48所示，迪马利亚的位置在对方3号球员和持球队员之间，这导致他不能及时对3号球员实施防守。阿韦洛亚研判场上的新局势，追盯对方11号球员几码后停止追盯，以便能盯住3号球员的前插。

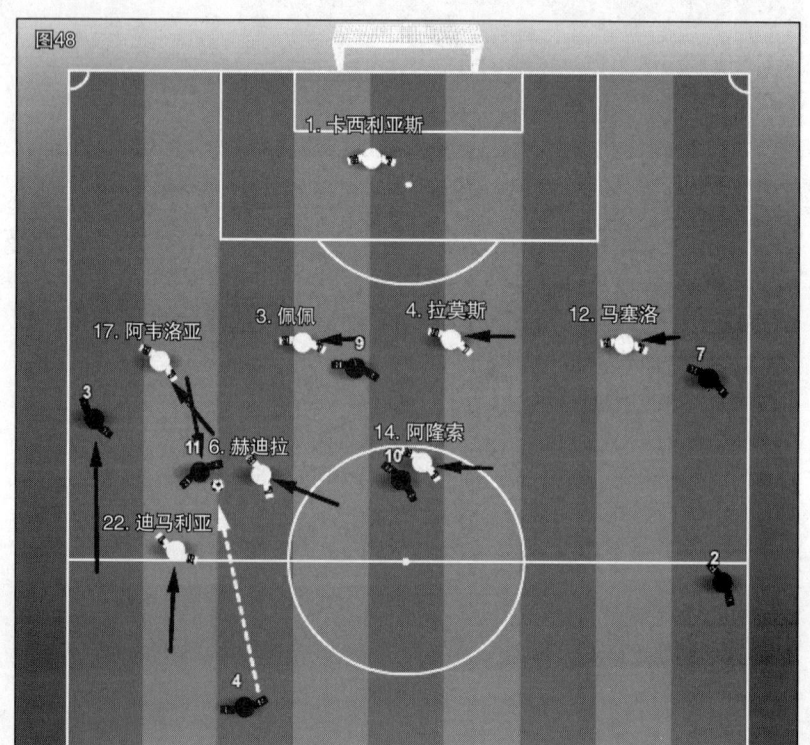

赫迪拉接管对11号球员的盯防，迪马利亚协防（图48）。

第三章

如图49所示，对方2号右边后卫持球。11号球员移动到中路的同时，球传到了6号球员脚下。迪马利亚占据有利的防守位置，他紧随3号球员的前插，这使阿韦洛亚可以在右后侧追盯11号球员的移动。

对方11号球员一接球，阿韦洛亚就迅速实施紧逼以防对手有足够的时间转身面向球门。赫迪拉横向移动协防包夹11号球员（图50）。

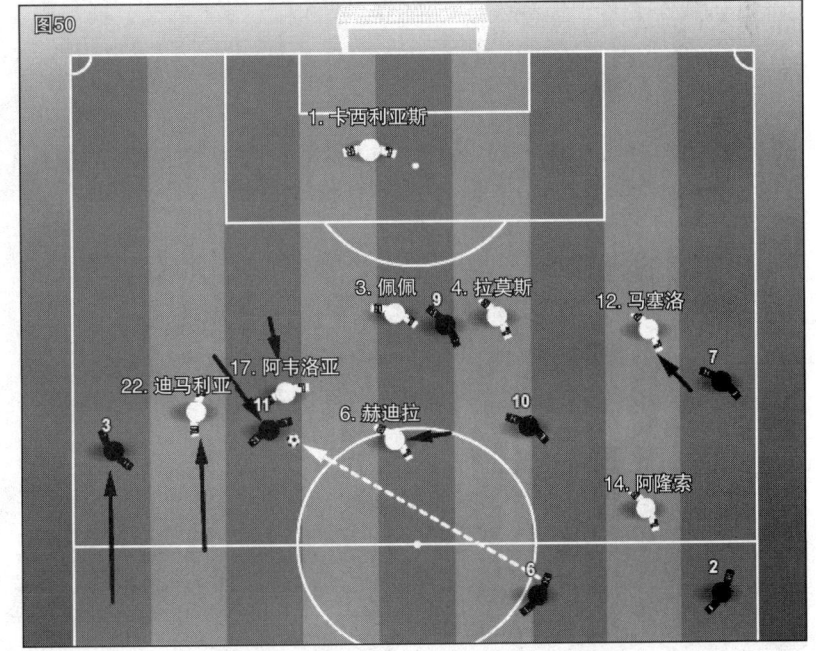

小结

皇家马德里队的后卫在边路紧逼盯人的成功运用，是他们坚信边前锋会紧盯对方前插的后卫。这主要依赖于皇家马德里队右路跑动频繁的迪马利亚，以及阿隆索在左路补防罗纳尔多的防守漏洞。

如图51所示，和前面介绍的比赛场景相似，但这次迪马利亚的站位比较靠前，皇家马德里队不能采取紧逼盯人战术。阿韦洛亚紧随对方11号球员，再次向中路移动。

当阿韦洛亚观察到对方3号球员前插并意识到迪马利亚不能及时追盯时，他停止向前移动并占据一个能补防对方前插到空当的位置。这时11号球员在无人盯防的情况下接球并有足够的时间处理球。

这是皇家马德里队需要设法阻止发生的一种情况，因为11号球员轻松接球之后，可以利用前面开阔的空当。

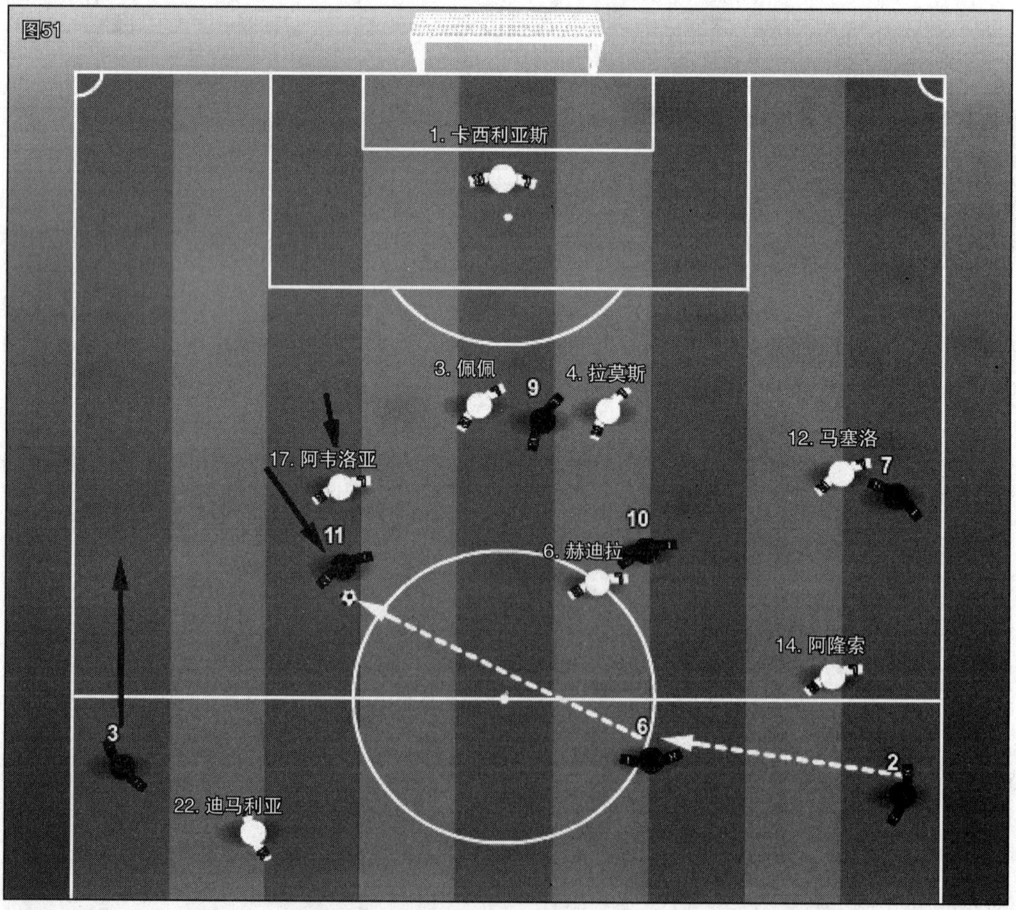

图51

第三章

迪马利亚防守位置不佳时的防守

如图52所示，对方11号球员接球后向前带球，这时，为了保持球队平衡，阿韦洛亚后撤几码以防对方3号球员的突然插上。同时，赫迪拉迅速回防，封堵对方持球队员。

由于无人封堵持球队员，佩佩和拉莫斯后撤追盯斜插的9号球员，并封锁可能的传球线路，这可确保对手无法在防线后方接球。马塞洛占据球门一侧的位置以防对方7号球员在危险区域接球。

图52

应对左路的人数劣势

在皇家马德里队的防守阶段，罗纳尔多的站位比较靠前，他对对方右边后卫的防守非常有限，这经常导致皇家马德里队的左路出现以少防多的局面。罗纳尔多常常在对方中后卫和边后卫之间站位，然而，这种站位常常导致球队失衡。皇家马德里队被迫想办法解决这种弱点，并重新使防线恢复平衡。

阿隆索是关键球员，因为他出色的跑位帮助球队解决了罗纳尔多防守不力的问题。

如图53所示，这种比赛场景在比赛中经常出现。罗纳尔多占据对方持球队员（4号球员）和右边后卫之间的位置，这种站位是为了防止对方中后卫直接将球传给边后卫。

在这些实例中直传比较容易。对方边前锋（7号球员）回撤接球的同时也为2号队友的前插制造空当。马塞洛开始时追盯7号球员，随后停止追盯，阿隆索接替他负责防守7号球员，这样就阻止了对方2号球员在开阔的前场轻松接球。

第三章

阿隆索的角色：防守边路

如图54所示，对方7号球员接球，阿隆索迅速上前紧逼，马塞洛后撤以防对方2号球员居后插上，罗纳尔多也回撤帮助阿隆索包夹7号球员。厄齐尔移动以防对手将球转移到弱侧。

中后卫补位边后卫

在某些情况下,阿隆索的站位比较靠后,在后场形成人数优势。阿隆索的这种站位导致皇家马德里队中场左侧出现空当,对方边锋回撤试图利用此空当。

在这种情况下,左边后卫马塞洛实施区域紧逼盯人并追盯对手移动到中场,因为他知道中后卫拉莫斯或后腰阿隆索将会盯防2号球员的前插(图55)。

这就意味着马塞洛能一直紧随7号球员,使他无法接球。他这样做也是因为本方后场多一名球员,因此拉莫斯横向移动补防前插到右边路空当的2号球员。

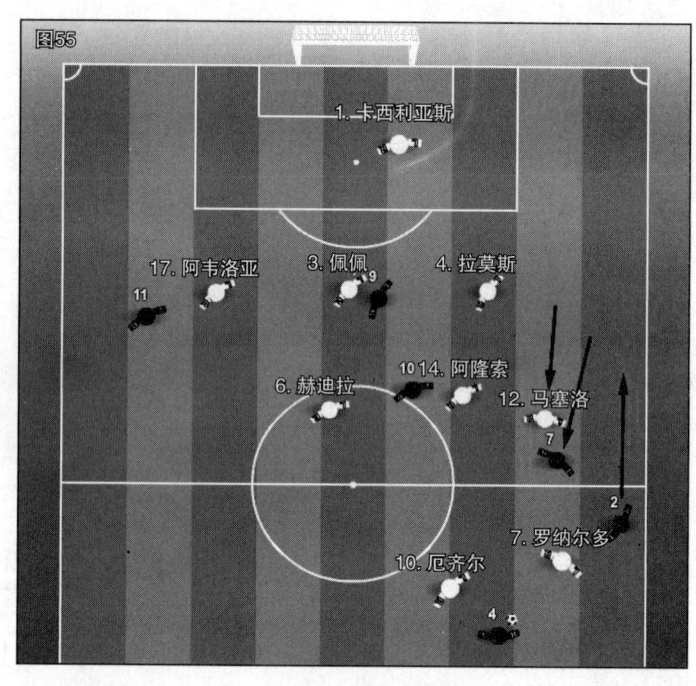

如图56所示,对方4号球员将球传到2号球员脚下,拉莫斯补防到边路对其实施逼抢,阿隆索后撤补拉莫斯的位置。马塞洛协助拉莫斯包夹2号球员。阿隆索的位置比较靠后并靠近中后卫(保护的位置)。

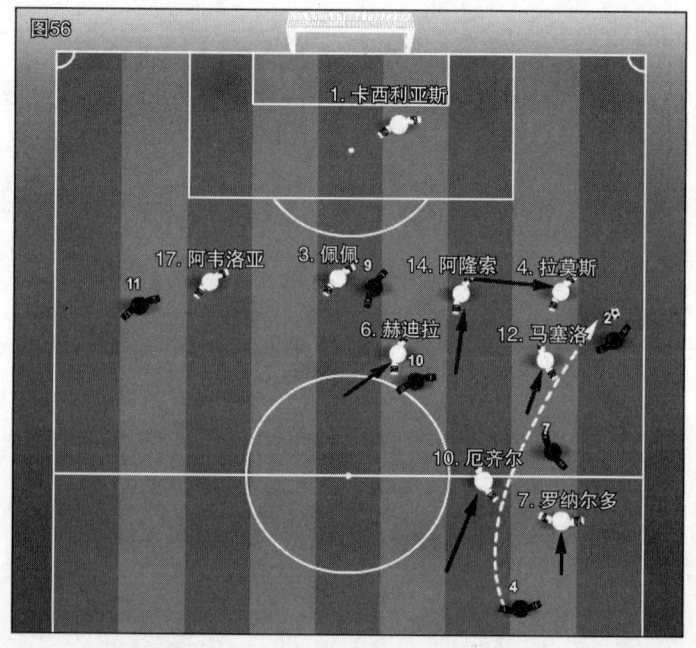

第三章

后腰紧随边路前插的对方边后卫

如图57所示，和前述比赛场景相似。马塞洛紧随7号球员，因为阿隆索的位置比较靠后并能及时补防到他的位置。这种情况下拉莫斯的位置更靠近中路。

图57

如图58所示，球直接传到对方2号球员脚下，拉莫斯在中路，所以阿隆索就成为第一防守人上前封堵持球队员。

在阿隆索封堵之前，对方2号球员有足够的时间处理球，3名后卫后撤来保持安全距离。马塞洛移动到有球区域形成以多防少。厄齐尔和罗纳尔多也回防，在有球区域形成人数优势。其中罗纳尔多回防包夹7号球员，而厄齐尔在球门一侧封堵，以防对手将球转移到皇家马德里队弱侧。

图58

小结

皇家马德里队要在左路形成人数优势，需要依靠马塞洛与拉莫斯和阿隆索（能根据场上局势紧盯居后插上的对手）的配合。

第三章

弥补罗纳尔多防守站位的不足

如图59所示,对方7号球员向中路移动为2号球员创造空当。由于7号球员向阿隆索靠近,所以马塞洛没有追盯而是集中注意力盯防2号球员的前插。10号球员回撤接球。

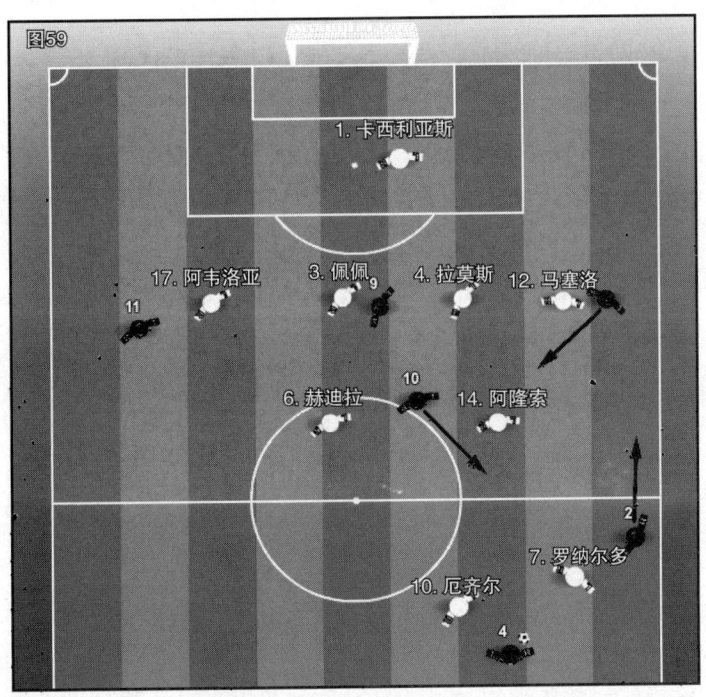

如图60所示,10号球员接球后将球传给2号球员。

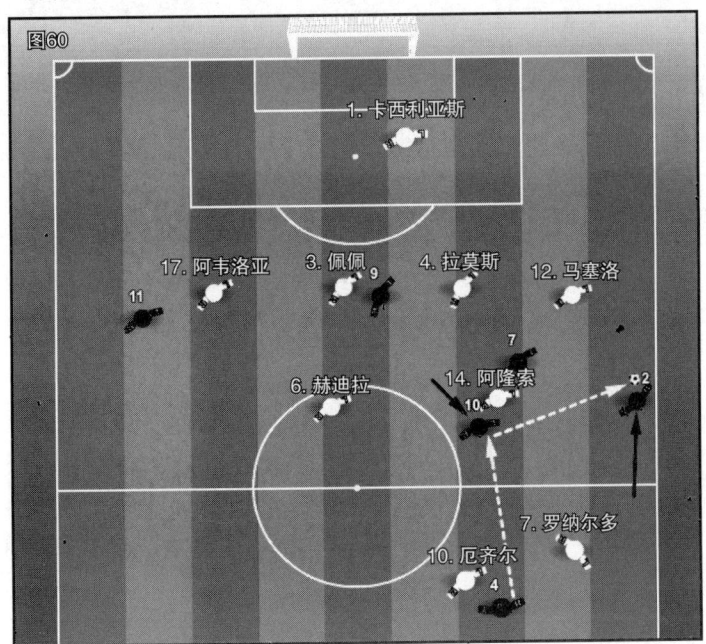

如图61所示，马塞洛上前紧逼2号球员，阿隆索后撤盯防7号球员，以免出现有利于对方的2对1局面。厄齐尔回防10号球员以防对手将球传给中场球员进而转移到弱侧。

图61

小结

由于罗纳尔多很少参与防守，阿隆索再次补防边后卫。

第三章

在球队失衡时的兼防站位

当对方守门员发出的球对对方有利，且皇家马德里队的中场球员对对手实施紧逼之前时，此时的站位比较特殊。这些站位要根据边路球员在特定时间的站位进行选择。边前锋的站位或者占据球门一侧（防守对方边后卫）或者选择兼顾防守的站位。

占据球门一侧

当球员占据球门和身前对手之间的位置时，他能够同时观察到球和对手。皇家马德里队边前锋常常占据球门一侧的位置，以此来防守拥有能发现对手弱点并从后场组织进攻的优秀球员的球队。

当边前锋占据球门一侧位置防守对方边后卫时，同侧的后腰能够集中精力防守身前的对手，无需上前支援边前锋。

当边前锋占据球门一侧位置，对方中后卫持球时，进攻往往向边路发展（传给边后卫），这是因为边锋的站位靠近中路。

罗纳尔多在左路的站位并不靠近中路，而是占据球门一侧靠近对手。这造成对手有空间进行直传。

图62~图64所示为边前锋占据球门一侧盯防对手边后卫时，中场球员的站位。

小结

当边前锋占据球门一侧的防守位置时，中锋和前腰球员必须默契配合紧逼对方中后卫。

如图62所示，当对手采用4-4-2阵型，边前锋占据球门一侧防守身前对手时，中场球员的站位。迪马利亚的站位比罗纳尔多更靠近中路。

如图63所示，当对手采用4-2-3-1阵型，边前锋占据球门一侧防守身前对手时，中场球员的站位。

如图64所示，当对手采用4-3-3阵型，边前锋占据球门一侧防守身前对手时，中场球员的站位。

兼防站位

兼防站位是指边前锋在对方中后卫和边后卫之间站位，这使他能迅速对对方中后卫实施紧逼，同时又能兼顾到对对方边后卫的盯防。这种站位主要用于当对方边后卫的位置靠前时和皇家马德里全线压上进攻时（主要针对后场缺乏组织进攻的球员）。

这种站位能迅速对对方中后卫实施紧逼（主要是边前锋对其紧逼）并迫使其将球传向中路。

罗纳尔多和厄齐尔（出现在右路）经常采用这种站位，而且他们很少在边路追盯居后插上的边后卫。不过，当迪马利亚和卡列洪在边路采用这种站位时，他们都能盯紧对方中后卫和边后卫。

当他们决定紧逼对方中后卫时，需要把握正确时机，同时，对手没有完全转身面向皇家马德里球门。这就意味着持球队员无法将球传给位置靠前的边后卫。

当守门员直接踢高空球长传越过他们传给边后卫时，他们迅速回防封堵。当2名前锋占据兼防位置时，对中后卫的紧逼主要是边前锋，有时是中锋。

当边前锋占据兼防位置时，同侧的后腰也得占据同样位置来盯防身前的对手和边后卫。右路迪马利亚和卡列洪在防守中的出色表现使同侧的后腰（赫迪拉和格拉内罗）只需集中精力防守身前对手。

左侧后腰的作用有所不同，因为阿隆索常常要补位支援，这就意味着在进攻端右侧的后腰对球队进攻帮助更大。边前锋（迪马利亚和卡列洪）能迅速补位支援确保右路的安全。

总之，皇家马德里队右侧比左侧更均衡。

如图65所示，当对手采用4-4-2阵型，边前锋占据兼防位置时，中场球员的站位。

如图66所示，当对手采用4-2-3-1阵型，边前锋占据兼防位置时，中场球员的站位。

如图67所示，当对手采用4-3-3阵型，边前锋占据兼防位置时，中场球员的站位。

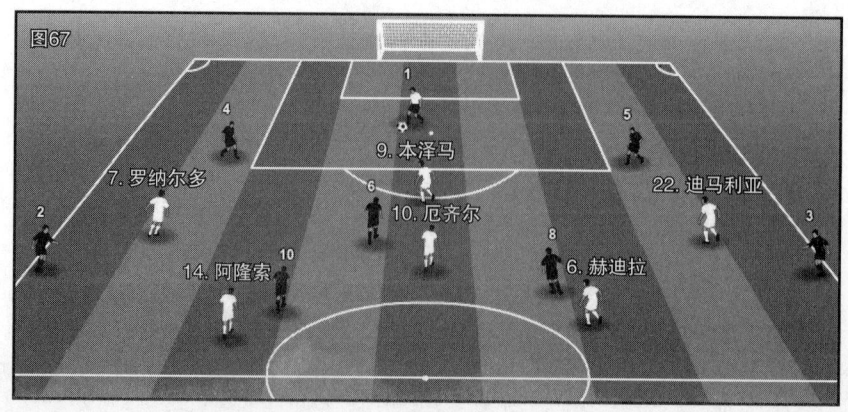

小结

当皇家马德里队边前锋都占据球门一侧防守，而对手是实力强并设法从后场组织进攻，以及能充分利用皇家马德里边前锋防守站位不好这一弱点的球队，如巴塞罗那队和瓦伦西亚队。有时仅一侧边前锋占据球门一侧防守，另一侧边锋占据兼防位置。这种情况下，边前锋身后的后腰占据球门一侧集中防守身前对手。

边前锋占据兼防位置，那么他身后的后腰也必须占据兼防位置，否则球队将会失衡。

如图68所示，当罗纳尔多占据兼防位置，迪马利亚占据球门一侧防守时，中场球员的站位。对手的比赛阵型是4-4-2。

如图69所示，当罗纳尔多占据球门一侧，迪马利亚占据兼防位置时，中场球员的站位。对手的比赛阵型是4-2-3-1。在这种情况下，厄齐尔的位置更加平衡，他并不用集中精力盯防6号球员，因为本泽马的位置迫使对手将球分到左路。

如图70所示，当罗纳尔多占据兼防位置，迪马利亚占据球门一侧防守时，中场球员的站位。对手的比赛阵型是4-3-3。这次厄齐尔紧盯6号球员，因为其位置靠近守门员被迫传球的一侧。

当巴塞罗那队从后场组织进攻时皇家马德里队的防守站位

如图71所示，在与巴塞罗那队的比赛中，皇家马德里队设法将球逼向右侧。这可能是因为他们企图使球远离皮克、哈维和阿尔维斯，因为这3名球员比普约尔和阿比达尔更善于从后场组织进攻。

在这种情况下，重点是每个球员在各自防守区域里的1对1能力。穆里尼奥选择在防守端对球队贡献巨大的迪马利亚，这名边前锋负责防守2名球员（普约尔和阿比达尔）。

阿隆索负责盯防哈维，即使对方出现在巴塞罗那的罚球区附近时也紧紧跟随，所以罗纳尔多必须占据球门一侧的位置防守阿尔维斯。赫迪拉集中精力紧盯伊涅斯塔，如果球传给迪马利亚身后的阿比达尔，而迪马利亚不能及时回防时，赫迪拉必须上前封堵。这也使阿比达尔有足够的时间处理球，但这也是穆里尼奥的一种选择，因为阿比达尔的球技一般。

全场紧逼时中锋和前腰的配合

在皇家马德里队采取全场紧逼时，中锋和前腰之间的配合非常重要。

当皇家马德里队边前锋的站位保持在球门一侧时，他们之间必须相互配合。在这些比赛场景下，1名球员控制整个边路非常困难，所以与占据兼防位置的边前锋相比，前腰的站位要稍微靠前。

在这种中锋远离强侧的情况下，前腰要上前紧逼对方持球的中后卫，限制对方控球的空间和时间。

小结

当中锋和前腰迅速移动到强侧时，球员在有球区域能形成人数优势。

第三章

逼抢接守门员传球的中后卫

如图72所示，对方的比赛阵型是4-3-3。守门员将球传给5号球员。

本泽马上前紧逼，厄齐尔迅速向有球区域移动。这两名队员的跑动使球队在强侧形成人数优势，这样球队更容易夺回球权（图73）。

球队的整体性：制造强侧

如图74所示，当本泽马和厄齐尔无法迅速移动到强侧形成人数优势时，球传到对方中后卫（5号球员）脚下，边前锋占据球门一侧的防守位置。

厄齐尔上前紧逼持球队员并为皇家马德里队制造强侧。本泽马补防对方6号球员，但依然距球较远。这时在右边路是3对3的局面。迪马利亚封锁可能的直传球，球被迫转向边线（图75）。

第三章

紧逼守门员

如图76所示，对对方守门员实施紧逼。本泽马上前紧逼守门员并设法将球逼向右路来制造强侧。厄齐尔意识到守门员只能选择长传或短传给5号球员，他向右路移动的同时也阻止了直传给6号球员的可能。

球传给了5号球员，厄齐尔逼抢持球队员，同时本泽马回防6号球员（图77）。

小结

当边前锋占据兼防位置防守时,前腰的站位稍靠后,因为他不需要去紧逼对方中后卫。紧逼中后卫也是边前锋的职责。

当皇家马德里队的比赛阵型是4-2-3-1时,前腰在中锋身后站位并占据一个兼防位置,这可以使他紧紧盯住靠近有球区域的对方中场球员。

边前锋紧逼对方中后卫时,中锋的站位往往能使他盯住传给守门员的球和靠近有球一侧的后腰,同时也是为了双人包夹对方后腰(图78和图79)。

限制对方中后卫的传球选择

如图78所示,球传到5号球员脚下。

迪马利亚成为第一防守人。本泽马移动以防止后卫回传守门员,同时如果球传给8号球员,随时准备对其进行包夹。厄齐尔紧盯8号球员,赫迪拉兼顾控制8号和3号球员。当球传给5号球员之后,厄齐尔迅速紧逼,同时本泽马补防6号球员(图79)。

边前锋和后腰的配合

在防守阶段,边前锋和后腰之间的配合对球队防线的稳固至关重要。尤其是在左路,因为罗纳尔多在防守端的贡献比右路迪马利亚要少得多。

左后腰阿隆索能很好地洞察场上态势,确保边路的马塞洛不会面临以少防多的局面。有时罗纳尔多意识到需要追盯对方边后卫时也会这么做。

下列情况所示,对手试图从后场组织进攻。虽然皇家马德里队应对的方式不同,但边前锋和后腰的配合是应对对手进攻的关键所在。

在这个比赛场景中,罗纳尔多占据球门一侧防守对方2号球员。中场球员紧盯他们负责区域的对手。图80所示为对手采用4-3-3阵型时,皇家马德里队前锋和中场球员的起始站位,这时对方右中后卫控球。

第三章

如图81所示,当本泽马紧逼4号持球队员时,其他球员全部向强侧移动。他通过自己的跑动路线创造了防守强侧。

在这种情况下,阿隆索利用罗纳尔多占据球门一侧的站位,紧随对方(10号)球员压上。

厄齐尔紧盯对方6号球员,由于阿隆索压上,赫迪拉补防到中路。

迪马利亚也移动到中路来保持球队中场防线的严密。

阻止对方中场球员接后卫的短传

如图82所示，对方同样采用4-2-3-1阵型。前腰厄齐尔远离有球区域，罗纳尔多占据球门一侧防守。

当本泽马对持球队员实施紧逼时，对方6号球员向有球方向移动进行接应。阿隆索观察到罗纳尔多的防守位置后，迅速压上，以防对方6号球员接球转身面对本方球门（图83）。

阻止右后卫接中后卫的传球

如图84所示，对手采用4-3-3阵型。罗纳尔多处于对方4号和2号球员之间的兼防位置。阿隆索观察到罗纳尔多的站位后，上前协防10号和2号球员，以防将球传到二人脚下。

如图85所示，本泽马紧逼对方持球队员。阿隆索紧随上前接应的10号球员。罗纳尔多观察到压上的阿隆索，意识到无人补位支援，后撤几码以防对方2号球员接球。

前场紧逼：本泽马为第一防守人

如图86所示，这个比赛场景中阿隆索的防守有所不同，他没有追盯10号球员以防对手接球，而是将盯防10号球员的任务交给了向强侧移动的厄齐尔。而罗纳尔多处于一个兼防位置，因为他知道阿隆索会补位支援。如果对方10号球员接到4号球员的传球，厄齐尔、罗纳尔多和本泽马就能对其形成包夹。

前场紧逼：罗纳尔多为第一防守人

如图87所示，罗纳尔多作为第一防守人对4号球员实施紧逼。阿隆索（冒险移动）压上紧盯10号球员，同时兼防可能传给2号球员的球，这就是他在外侧防守10号球员的原因。厄齐尔上前占据球门一侧防守10号球员，形成双人包夹。赫迪拉移动到中路支援。

如图88所示，罗纳尔多还是第一防守人，但这个比赛场景中阿隆索移动到边路补位并紧盯对方2号球员，厄齐尔防守10号球员。本泽马占据二者之间的兼防位置。

前场紧逼：应对4-2-3-1阵型

如图89所示，当对手的比赛阵型为4-2-3-1时，皇家马德里球员的起始站位。厄齐尔远离有球区域无法防守6号球员。罗纳尔多和阿隆索都占据兼防位置。

当本泽马紧逼持球队员时，阿隆索上前紧盯对方6号球员，罗纳尔多占据球门一侧防守，保持球队的平衡（图90）。

第三章

如图91所示，这个比赛场景中阿隆索没有追盯6号球员，让厄齐尔对其盯防。阿隆索向边路移动防守2号球员。赫迪拉盯防10号球员的同时支援中路。如果对方将球传给6号球员，将会有3名皇家马德里队员对其包夹。

如图92所示，罗纳尔多上前紧逼持球队员，阿隆索从外侧压上盯防6号球员，同时防止对方将球传给2号球员。本泽马处在6号球员和守门员之间的兼防位置。

如图93所示，阿隆索将防守对方6号球员的任务交给厄齐尔，自己盯防2号球员。

小结

一旦第一防守人利用体位上前封堵，迫使对方只能将球传到球场一侧时，皇家马德里队的后卫就会从兼防站位换成占据球门一侧盯人。

前场紧逼：应对4-3-3阵型（1）

如图94所示，对手的比赛阵型为4-3-3。迪马利亚和赫迪拉都占据兼防位置进行防守。

当迪马利亚处于兼防位置时，对方最有可能将球传给中后卫。当中后卫准备接球时，迪马利亚迅速上前紧逼，限制对手的接球时间。如图95所示，对方5号球员将球传给8号球员，8号球员又将球传给3号球员。

赫迪拉迅速上前封堵刚控制球的队员。由于厄齐尔距球较远，所以迪马利亚回防，封锁可能将球传给8号球员的线路。本泽马拉边盯防5号球员以防对手回传。阿隆索向强侧移动支援。皇家马德里队整体向右侧移动阻止对手将球向中路发展（图96）。

前场紧逼：应对4-3-3阵型（2）

如图97所示，与上述比赛场景相似，但这次厄齐尔的站位比较靠前并靠近有球一侧。

对手再次经8号球员传递，最后将球传给3号球员（图98）。

这次迪马利亚迅速回防，追盯持球的3号队员，并与赫迪拉包夹对手。厄齐尔接管盯防8号球员的任务，以防对手将球传到中路并转移到皇家马德里队的弱侧（图99）。

小结

皇家马德里队常常设法逼迫对手将进攻转移到边路，并阻止对手通过中路将球转移到球队的弱侧。对皇家马德里队来说，很容易将对手封锁在边路并在有球一侧形成人数优势。

第四章

皇家马德里对4-4-2阵型球队的防守

当皇家马德里队对阵采用4-4-2阵型的球队时，中场常常会形成3对2的人数优势。阿隆索往往是自由人。中场的人数优势使皇家马德里队在强侧和有球区域附近形成以多防少。

不过，皇家马德里队只有在保持球队平衡的基础上才能形成人数优势。

如图100所示，皇家马德里队防线稳固，因为对方右边后卫（2号球员）没有前插，并且对其防守的罗纳尔多占据球门一侧的防守位置，这能确保在2号球员接球时，罗纳尔多能迅速对其紧逼。

厄齐尔的位置在靠近罚球区的后腰附近，当守门员将球传给4号球员时开始实施紧逼。

将球封锁在边线附近并阻止对方转移

如图101所示，4号球员控球。前锋（本泽马）和前腰（厄齐尔）向强侧移动。

本泽马紧逼4号球员，同时封堵可能将球传向另一名中后卫（5号球员）和守门员的线路，这可以为球队制造强侧。厄齐尔也向可能接球的6号球员靠近。厄齐尔的跑位解放了中场的阿隆索，他向有球区域移动形成人数优势。

阿隆索的站位也封堵了对方可能直传的线路。马塞洛紧盯7号球员。

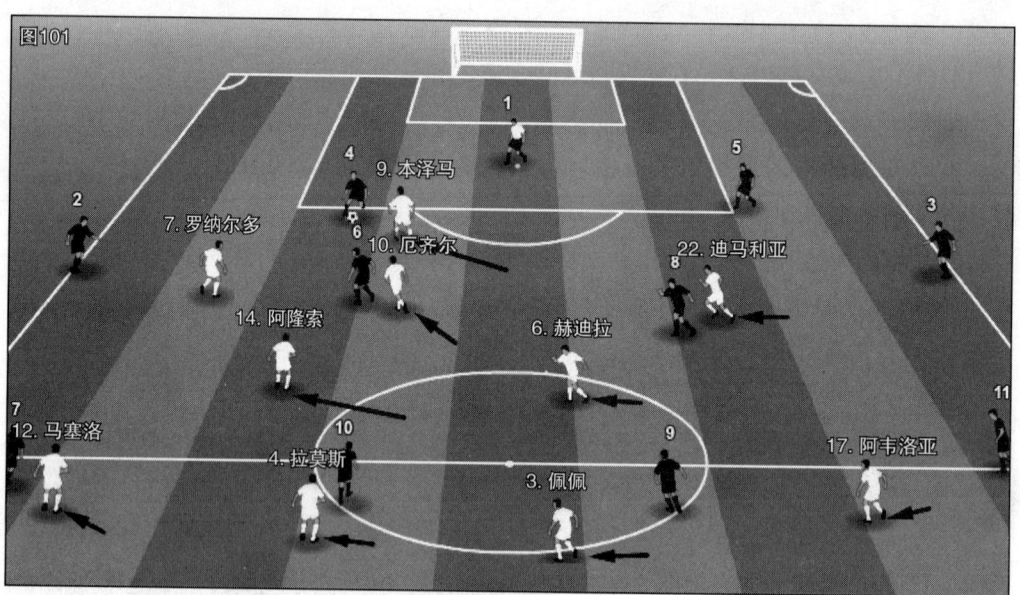

第四章

当球传给2号球员时，罗纳尔多成为第一防守人。本泽马封堵可能回传4号球员的线路，马塞洛盯防7号球员。

厄齐尔紧随对方6号球员，并设法阻止对手将球转移到弱侧。阿隆索在有球区域形成人数优势，如果球传给7号球员，随时准备和马塞洛协防。

赫迪拉补位中场，迪马利亚向中路移动以保持球队紧密的防守（图102）。

小结

皇家马德里队常常通过紧逼迫使对手将球分到两个边路。当对方中后卫持球时，通过紧逼防守，迫使对方只能将球传给两侧的边后卫。

全队整体向有球一侧转移，封堵对手的活动空间，这常常会形成以多防少的局面，使皇家马德里队能重新夺回球权。

大范围移动到强侧使有球区域形成人数优势

与上述比赛情景相似，厄齐尔距球较远。罗纳尔多占据内线防守对方边后卫。由于厄齐尔的站位较远，如果需要，阿隆索可以随时压上盯防对方中场球员。在这种情况下，皇家马德里队左路的人数和对手持平。

如图103所示，守门员将球传给4号球员。这时，前腰（厄齐尔）距离持球队员附近的6号球员较远，而且对方有足够的空间轻松接球。

随着比赛局势的发展，罗纳尔多保持球门一侧的防守站位，阿隆索研判场上态势，压上以减小自己和对方6号球员的距离。

厄齐尔向强侧移动，赫迪拉补位中路支援。马塞洛和拉莫斯紧盯自己的防守对象。

第四章

佩佩和阿韦洛亚稍向强侧移动，因为球不可能传给他们身前的防守对象（图104）。

如图105所示，对方4号球员将球传给2号球员，罗纳尔多迅速对接球的2号球员实施紧逼。

罗纳尔多的体位意味着对手不可能将球传给6号球员，所以阿隆索可以不用紧盯6号球员。如果球沿边线传给7号球员，阿隆索因距离过远也不能及时补防。

由于阿隆索的位置比较靠前，所以赫迪拉长距离移动到左路补位支援。

马塞洛紧随身前的防守对象。看到赫迪拉向强侧移动，拉莫斯没有追盯10号球员，而是将防守10号球员的任务交给赫迪拉，自己移动到边路补马塞洛的位置。

佩佩移动到强侧支援，为了防线的稳固，阿韦洛亚同样向强侧移动。佩佩的这种大范围移动极为冒险。

对方2号球员将球传给7号球员，马塞洛迅速对持球队员实施紧逼，罗纳尔多回防和马塞洛包夹7号球员。赫迪拉盯防10号球员。拉莫斯后撤补位。厄齐尔回撤到中场补位（图106）。

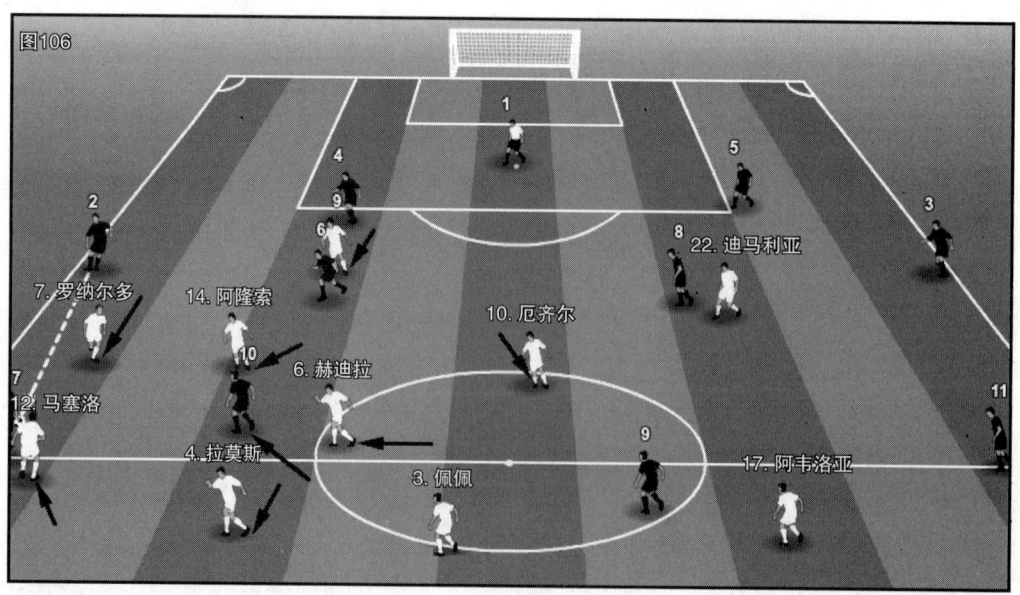

第四章

多名队员包夹持球队员：夺回球权

与上述比赛情景和站位相似，对方4号球员接守门员传球（图107）。

4号球员将球传给6号球员，阿隆索迅速上前紧逼以防对手接球转身，厄齐尔、罗纳尔多和本泽马及时封堵6号球员可能的传球选择（图108）。

小结

当对方边后卫站位靠前并且中后卫拉到边路附近时,皇家马德里队边锋(罗纳尔多和迪马利亚)常常在中后卫和边后卫之间站位。

后腰(赫迪拉和阿隆索)必须时刻观察本方边锋的位置,因为他们经常需要去防守对方后腰和边后卫。

前腰(厄齐尔)的站位也要处于对方两名后腰之间以便防守。

在下面这个比赛场景中,在守门员开球之后,皇家马德里队球员立即实施紧逼。

第四章

在有球区域形成人数优势

如图109所示,守门员将球直接传给4号球员。

本泽马作为第一防守人迅速对4号球员实施紧逼,同时也为队友制造了强侧。罗纳尔多封堵可能传给2号球员的线路,并迫使持球队员将球传向中路。厄齐尔移动到强侧紧盯有可能接球的6号球员。阿隆索也移动到左路拦截可能的直传球(图110)。

当4号球员将球传给6号球员时,厄齐尔和罗纳尔多迅速对其紧逼,本泽马也上前协防包夹6号球员。阿隆索的站位封堵了将球传给2号球员的线路。赫迪拉移动到强侧,迪马利亚向中路移动以便可以同时盯防8号和3号球员(图111)。

小结

队员应该意识到罗纳尔多和本泽马的站位意味着4号球员只有一种传球选择。

这也意味着中场球员能提前向有球区域移动并封锁对方刚接球队员的空间和时间,在有球区域形成人数优势。

第四章

利用体位阻止对手可能的传球

如图112所示，中锋以一定的角度上前紧逼对方守门员。本泽马利用他的体位阻止对方将球传给5号球员。由于本泽马机敏的跑位，厄齐尔可以集中精力盯防6号球员并不再盯防8号球员。罗纳尔多压上几码，如果守门员将球传给4号球员，可以随时上前对其封堵。

如图113所示，当球传给4号球员时，罗纳尔多迅速上前紧逼。同时，他也封堵着有可能将球传给位置靠前的2号球员的线路。本泽马聪明的站位可以使他拦截传给守门员的球，如果球传给6号球员，他也能及时协防。

厄齐尔紧盯6号球员。阿隆索移动到边路盯防2号球员并拦截有可能的直传球。赫迪拉和迪马利亚都向强侧移动。

如图114所示，球传给6号球员后立即被厄齐尔、罗纳尔多和本泽马三人包夹。6号球员一脚触球将球直接分到左路，阿隆索随时准备断球。

小结

罗纳尔多利用体位阻止对手将球传给空当的2号球员。本泽马的站位能防止对方将球转移到弱侧。

第四章

当皇家马德里边锋占据兼防位置时,实施紧逼

如图115、图116、图117和图118所示,皇家马德里队紧逼对手时,并没有制造强侧。

前腰(厄齐尔)未处于对方两名后腰之间的兼防位置,而是靠近其中的8号球员。

另一名后腰在皇家马德里队左侧较后的位置。对手的这种站位,使皇家马德里队很难成功对其实施紧逼。

图115

球传给4号球员，罗纳尔多上前逼抢，对方6号球员后撤到空当并轻松接球。

厄齐尔向强侧移动但仍距离6号球员较远。在研判场上态势之后，阿隆索决定不再压上防守6号球员，而是将防守6号球员的任务交给厄齐尔。

阿隆索的站位使对方2号球员处于自己的防守范围之内，以防2号和7号球员对马塞洛形成2对1。

图116

第四章

6号球员接4号球员的传球并转身面对皇家马德里队的球门。阿隆索移动封堵传给2号球员的线路，赫迪拉向强侧移动，马塞洛紧随7号球员，不过他也观察到2号球员的站位。拉莫斯紧盯10号球员，佩佩支援二者，阿韦洛亚保持防线平衡。

图117

6号球员将球传给2号球员。马塞洛放弃防守对象，上前逼抢持球队员。阿隆索接管防守7号球员的任务，拉莫斯后撤，与佩佩、阿韦洛亚形成一条直线，并支援马塞洛。

图118

前场紧逼并补位

与上述比赛情景相似,皇家马德里队球员还可以用另一种方式应对,如图119和图120所示。

守门员将球传给4号球员,罗纳尔多上前紧逼。由于厄齐尔距离过远,阿隆索压上防守6号球员。罗纳尔多和阿隆索还需要设法阻止对方2号球员接球,以免造成边路的马塞洛面对1对2的局面。赫迪拉和迪马利亚向强侧移动。

第四章

对方6号球员接球并在遭到紧逼之前转身面对皇家马德里队球门。阿隆索利用体位封堵将球传给2号球员的线路，拉莫斯对10号球员的紧逼防守使对方无法接球。在这种情况下，紧盯持球队员以防止将球传给空当的2号球员是防守的关键所在。赫迪拉移动拦截有可能的直传球或与拉莫斯一起包夹10号球员。

球传给10号球员后，拉莫斯和赫迪拉立即实施紧逼，阿隆索也回防10号球员。阿韦洛亚向中路移动支援（图121）。

防守边路的进攻组织

如图122所示，守门员面向右路持球。由于迪马利亚的位置比较靠前，为了盯防8号和3号球员，赫迪拉站在二者之间的兼防位置。

本泽马对守门员实施紧逼，如果5号球员接球，迪马利亚迅速上前紧逼。厄齐尔紧盯8号球员，赫迪拉拉边防守3号球员，以防守门员直接传球给他。阿隆索补位（图123）。

第四章

当球传给5号球员时，迪马利亚迅速上前紧逼，使其不能及时转身面向皇家马德里队球门。

同时，迪马利亚也封堵了传给3号球员的线路。尽管对方5号球员遭到紧逼，但还是半转身接球并立即将球传给8号球员（图124）。

当皇家马德里队的紧逼战术没有成功时，下一步旨在恢复平衡。

赫迪拉拉边封堵3号球员，迪马利亚回防和他一起盯防。厄齐尔封堵传给8号球员的线路。当刚接球的球员有足够的时间处理球时，对方11号球员前插，阿韦洛亚占据球门一侧紧随盯防。佩佩在有球区域附近紧盯对方9号球员，同时拉莫斯补位。

马塞洛向中路后撤确保平衡。阿隆索确保中场防守平衡（图125）。

第四章

球传给11号球员时,阿韦洛亚迅速紧逼,佩佩后撤支援阿韦洛亚,将防守9号球员的任务交给长距离移动到右侧的阿隆索。赫迪拉上前协助阿韦洛亚包夹11号球员,由于持球队员被封堵,拉莫斯和马塞洛停止后撤(图126)。

图126

小结

皇家马德里队球员逼迫对方将球传到边路,这样可以轻易封堵对手可能传球的角度。持球队员在紧逼之下也没有合适的传球选择。

对守门员将球传给边后卫的防守

如图127所示，守门员直接将球传给左边后卫（3号球员）。

如图128所示，皇家马德里队球员向强侧移动。赫迪拉作为第一防守人和迪马利亚包夹持球队员。阿韦洛亚起初盯防的11号球员由阿隆索负责防守。佩佩占据球门一侧紧随对方9号球员移动。拉莫斯和马塞洛后撤时同样占据球门一侧盯防各自的对象。

在对方罚球区附近形成人数优势

如图129所示,厄齐尔距离强侧较远。

赫迪拉研判场上局势,占据8号和3号球员之间的兼防位置。当球传给5号球员时,迪马利亚迅速上前紧逼,赫迪拉压上盯防8号球员。厄齐尔移动到强侧,阿隆索支援(图130)。

当球传给8号球员时，赫迪拉迅速封堵传给3号球员的传球线路。厄齐尔从球门一侧包夹8号球员，迪马利亚后撤对8号球员形成3人包夹（图131）。

小结

赫迪拉的兼防站位使迪马利亚和本泽马能迅速封堵对方持球队员。他们的位置限制了对方中后卫，使其只有一种传球选择。当对方球员背身接球时，皇家马德里队能确保封堵持球队员。他们有足够自信放弃防守对象，因为相信能夺回球权。

第五章

皇家马德里对4-2-3-1阵型球队的防守

当皇家马德里队面对采用4-2-3-1阵型的对手时,双方中场人数相等,后腰(阿隆索和赫迪拉)大部分时间采用区域防守。然而,当2名边前锋(迪马利亚和罗纳尔多)占据球门一侧防守对方边后卫时,皇家马德里队2名后腰和厄齐尔将集中精力盯防各自的防守对象。在这种情况下,皇家马德里队能在有球区域形成人数优势,尤其是在边线附近。

当罗纳尔多和迪马利亚处于对方中后卫和边后卫之间的兼防位置时,中场球员同样也占据兼防位置。之所以采用这种站位,是因为后腰除了要盯防负责的防守对象外,还要协防位置靠前的对方边后卫。在第二种情况中,后腰必须进行区域防守而不是仅仅盯防身前对手。

然而,有时后腰也必须紧随或紧盯他们身前的防守对象。例如,在实施紧逼时,对方中场球员正在或移动到有球区域接应持球队友时。

如图132所示,边前锋占据球门一侧的位置,其他中场球员紧盯各自的防守对象。

当球传给对方4号球员时，皇家马德里队员整体向左路移动。阿隆索紧随身前的防守对象（10号球员），因为对方想要移动到罚球区附近接应。马塞洛和拉莫斯同样紧盯各自区域里的防守对象（图133）。

在连续两脚传球之后，球到了对方7号球员脚下。拉莫斯紧盯9号球员，由于拉莫斯的位置不佳，所以佩佩后撤几码支援马塞洛。阿韦洛亚保持防线平衡，赫迪拉移动支援中场。阿隆索上前包夹对方7号球员，将10号球员留给厄齐尔防守（图134）。

第五章

占据球门一侧紧逼盯人

如图135所示，皇家马德里队员的站位和前面介绍过的一样，但对手的进攻方式却不同。

2名边前锋占据球门一侧，中场球员紧盯各自的防守对象。

守门员将球传给对方4号球员，在本泽马的紧逼之下，4号球员向前带球。

厄齐尔向有球区域移动，此时的战术态势对皇家马德里队有利。由于在有球区域皇家马德里队有人数优势，厄齐尔集中精力封堵对方4号球员而不是去盯防后撤接应的自己负责防守的6号球员。

在这种态势之下，对方10号球员向持球队友移动接应，阿隆索紧随并紧紧盯防。7号球员也后撤接应，马塞洛上前紧逼盯防（图136）。

当持球队员有时间处理球时，对方9号球员插到马塞洛身后接球，拉莫斯紧随盯防，保持球门一侧的防守位置以防9号球员在危险区域接球。

如图137所示，球直接传给7号球员，马塞洛迅速紧逼以防止持球队员转身面向皇家马德里队球门，同时阿隆索上前协助马塞洛包夹对手。

罗纳尔多紧盯2号球员的居后插上，并对持球队员形成3人包夹之势，同时厄齐尔后撤，在有球区域形成人数优势。

当球传到7号球员脚下时，拉莫斯和佩佩立即停止后撤，并集体压上，使9号球员处在越位位置，同时又使防线更加严密（图137）。

第五章

实施紧逼时的兼防站位

如图138所示,双方攻守平衡。皇家马德里中场队员紧盯各自的防守对象。

当球传给4号球员时,本泽马迅速上前紧逼。

厄齐尔紧盯可能上前接应的6号球员,阿隆索离开10号球员向左路移动并占据拦截对手直传球的位置,他的位置同样使球队在有球区域形成人数优势。

赫迪拉也向强侧移动支援,并接管防守10号球员的任务。

迪马利亚向中路移动并紧盯8号球员。拉莫斯和马塞洛紧随各自防守对象移动,佩佩也向左路移动(图139)。

当6号球员接到4号球员的传球时，立即遭到厄齐尔和准备包夹的罗纳尔多的紧逼。阿隆索处于保护位置，本泽马准备拦截可能的回传球并试图上前形成3人包夹持球队员的局面（图140）。

如图141所示，皇家马德里队另一种兼防站位的情况。

第五章

这次厄齐尔为第一防守人，在守门员将球传到4号脚下时，迅速上前对其实施紧逼。

当厄齐尔制造强侧时，本泽马后撤，因为罗纳尔多占据球门一侧的防守位置，阿隆索迅速上前盯防对方6号球员。

马塞洛和拉莫斯各自紧随向有球区域移动的防守对象，佩佩移动到他们身后补位支援。赫迪拉保持中场的平衡（图142）。

如图143所示,球传到2号球员脚下。罗纳尔多迅速上前紧逼,马塞洛紧盯7号球员,拉莫斯后撤几码补位,因为球不可能传给他防守的球员。

阿隆索的移动旨在阻止对方可能通过6号球员将球转移到弱侧。

厄齐尔拦截可能的回传球,赫迪拉向强侧移动,在有球区域形成人数优势。

小结

当阿隆索压上逼近对手时,赫迪拉长距离移动到左路,旨在补位支援并在有球区域形成人数优势。

利用兼防站位防守两名有可能接球的队员

如图144所示，罗纳尔多和迪马利亚占据对方中后卫和边后卫之间的兼防位置，目的是如果守门员将球传给中后卫，他们能迅速实施紧逼。

边前锋的这种站位使皇家马德里所有中场球员占据兼防位置来兼顾盯防2名对方球员。当球传到皇家马德里队左路时，阿隆索移动到边路，赫迪拉移动到中路。

这种站位使阿隆索能同时盯防对方10号和2号球员。厄齐尔能兼顾防守对方6号和8号球员，同时使8号和10号球员都处于赫迪拉的防守范围之内。

当球传到对方4号球员脚下时，罗纳尔多迅速上前紧逼。本泽马负责拦截可能回传守门员的球和兼顾防守6号球员。厄齐尔紧盯6号球员并试图前插断球，因为6号球员是唯一可能的接球队员。阿隆索向对方2号球员靠近，准备封堵传给他的球，如果2号球员接球，随时上前紧逼。赫迪拉向强侧移动，支援中场。迪马利亚转而盯防8号球员（图145）。

图145

当对方4号球员将球传给6号球员时,厄齐尔、罗纳尔多和本泽马迅速上前包夹,设法封堵对方持球队员所有可能的传球线路。迪马利亚防守8号球员,阿隆索上前拦截2号球员,以防6号球员转身将球传给他(图146)。

图146

第五章

与上述比赛场景相似，两队的站位如前所示（图147）。

如图148所示，对方守门员将球直接长传给2号球员。在兼防位置防守的阿隆索迅速上前封堵2号球员。马塞洛放弃对7号球员的盯防，上前支援阿隆索。

罗纳尔多回防包夹对方2号球员，厄齐尔紧盯6号球员，试图将球控制在左路。赫迪拉向强侧移动补位。

由于持球队员有足够的时间处球，对方9号球员趁机插向皇家马德里防线后方策应。拉莫斯占据球门一侧有利的防守位置，观察到9号球员的前插，拉莫斯迅速后撤。

佩佩也紧随9号球员移动。迪马利亚紧随居后插上的3号球员，同时兼顾对8号球员的盯防。

当阿隆索防守到位，封堵了2号球员向前传球的角度时，拉莫斯、佩佩和阿韦洛亚停止退防，并整体向前压上，这使对方9号球员处在越位位置，同时也使球队的防线更加紧凑（图149）。

第五章

对中后卫后场带球前插的防守

如图150所示，对方守门员将球传给4号球员。

由于4号球员身前的空当比较大，他向前带球。厄齐尔放弃防守对象（6号球员）和罗纳尔多迅速上前封堵。本泽马转向强侧，拦截可能回传6号球员的传球。阿隆索移动拦截可能的直传球，拉莫斯紧盯9号球员。马塞洛紧随7号球员，同时兼顾2号球员的居后插上。佩佩和赫迪拉补位支援（图151）。

对方4号球员将球成功传给拉莫斯紧逼之下的9号球员。阿隆索和赫迪拉迅速上前，形成3人包夹之势。佩佩和马塞洛补位保护拉莫斯，阿韦洛亚回防以保持防线平衡（图152）。

小结

本泽马不佳的防守站位使皇家马德里队开始的防守出现了问题，但是他回防6号球员使厄齐尔可以抽身去封堵接球的4号球员。这使对方4号球员只有一种传球选择，当9号球员背身接球时，遭到皇家马德里队3名队员紧逼包夹。

对方边后卫在中线接球

如图153所示，球转移到右路。迪马利亚和赫迪拉都占据兼防位置。对方8号球员上前接应持球队员，并通过一次传球将球传给3号球员。

迪马利亚迅速回防紧逼3号球员。随着赫迪拉向边线的移动，阿韦洛亚尾随防守对象后放弃防守，皇家马德里队在持球队员周围形成人数优势（图154）。

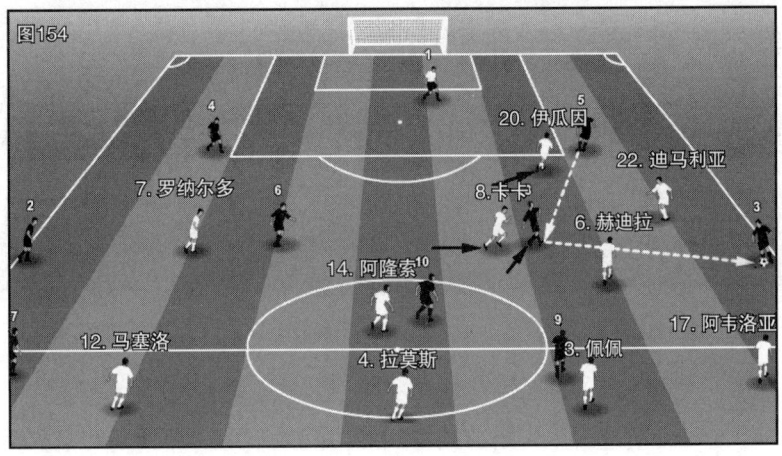

图155所示为佩佩保持球门一侧的有利位置并紧随9号球员移动，拉莫斯后撤保护。

阿隆索紧盯向强侧移动接应的10号球员，伊瓜因和卡卡一起拦截持球队员可能转身回传或传中的球。

马塞洛观察到以多防少的局面，没有向中路移动支援。

如图156所示，当阿韦洛亚紧逼并封堵对方持球队员时，佩佩和拉莫斯立即停止后撤并集体前压，造成对方9号球员处在越位位置，同时恢复防线间的紧凑性。

图156

小结

当对方左边后卫有足够的空间和时间处理球时，迪马利亚拼尽全力回防。另外，皇家马德里队主要依靠横向移动支援边路的阿隆索。

第五章

对方通过守门员在后防线横向转移球

如图157所示,迪马利亚上前逼抢右路的5号球员。

5号球员将球直接传给守门员,皇家马德里队员整体向左路移动(图158)。

当球传到4号脚下时，对方后腰（6号球员）后撤接应。阿隆索观察到罗纳尔多位置靠前，他没有压上防守6号球员，而是占据保护的位置（图159）。

由于厄齐尔距离较远，无人盯防的6号球员接球。阿隆索设法拦截传向位置靠前的2号球员的球。马塞洛兼防站位来兼顾防守7号和2号球员。拉莫斯紧盯9号球员。赫迪拉转向左侧防守10号球员，同时也随时准备拦截可能直传给9号球员的球，佩佩保护（图160）。

第五章

当球传到对方2号球员脚下时，马塞洛上前封堵。阿隆索在有球区域附近，所以接管对7号球员的防守，拉莫斯后撤补位，罗纳尔多回防包夹7号球员，赫迪拉补位中场（图161）。

与上述比赛场景相似，对手将球从右路转移到左路（图162）。

这次罗纳尔多在球门一侧防守站位，以使阿隆索能够压上盯防6号球员（图163）。

因为观察到罗纳尔多的位置，马塞洛实施区域紧逼盯人，拉莫斯上前支援，佩佩补位（图164）。

第五章

当球传给7号球员时，阿隆索后撤协防，罗纳尔多回防，试图3人包夹7号球员。拉莫斯紧随10号球员跑动，赫迪拉设法阻止对手将球转移到弱侧（图165）。

小结

当对手利用守门员组织进攻时，皇家马德里队不可能通过紧逼盯人防守形成人数优势，边前锋将采用兼防站位。当对方球员接到守门员的传球时，迅速对其实施紧逼。

第六章

皇家马德里对4-3-3阵型球队的防守

当皇家马德里队面对采用4-3-3比赛阵型的球队时，位置上的配备接近完美。中场是3对3局面，不过在实施紧逼过程中，只有各自负责的防守对象可能接到球时，皇家马德里中场队员才会紧随盯防。否则，他们只防守各自负责的区域。

如图166所示，皇家马德里中场队员起始站位与处于球门一侧防守的边前锋位置有关。由于场上双方态势均衡，所以中场队员只盯防他们负责区域里的对手。

第六章

当守门员将球传给5号时，本泽马上前紧逼，同时形成强侧。由于持球队员有时间处理球，对方3号球员前插为8号球员制造空当。迪马利亚保持球门一侧的防守位置并紧跟3号球员移动，这造成赫迪拉必须紧随回撤接应的8号球员。厄齐尔向右侧移动在有球区域形成人数优势（图167）。

当8号球员接球时，赫迪拉设法阻止其转身，厄齐尔在球门一侧紧逼以防其转向中路，本泽马回防形成3人包夹之势，迪马利亚选位拦截可能传给3号球员的球（图168）。在这种情况下，持球队员只能向边线转移。然而，皇家马德里队球员准备通过围抢夺回球权。

对对方边前锋内切和边后卫居后插上的防守

如图169所示，守门员将球传给5号球员。

空当里的5号球员向前带球，本泽马上前封堵。

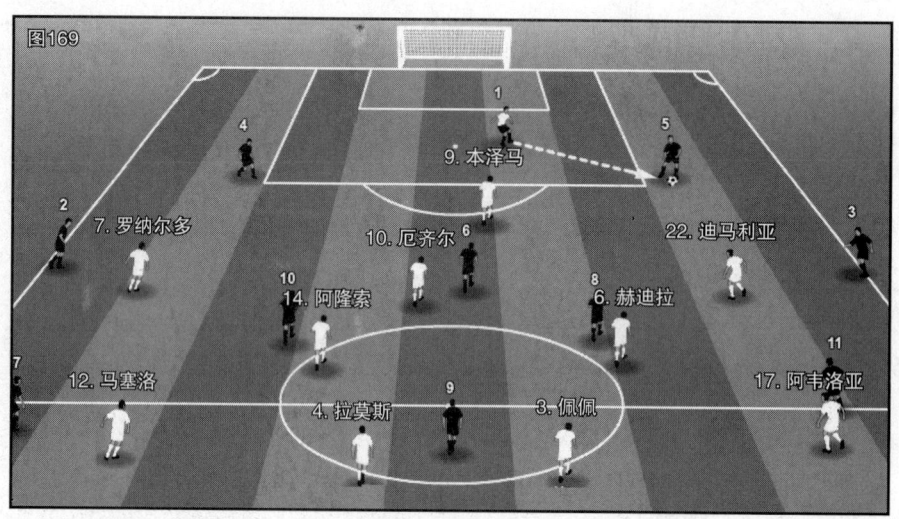

迪马利亚紧随3号球员移动，但这次没能占据球门一侧的有利位置。阿韦洛亚追盯长距离后撤接应的11号球员，但在观察到前插的3号球员后，停止追盯，转而盯防3号球员。赫迪拉紧随插向空当的8号球员，佩佩向右路移动补阿韦洛亚的位置。

当对方9号球员前插到佩佩身后空当时，拉莫斯迅速补防，防止其在危险区域接球。

马塞洛横向移动补防。厄齐尔向强侧移动，阿隆索也支援中场（图170）。

第六章

当球直接传到11号脚下时，马塞洛和拉莫斯同时上压几码，使防线更加紧凑，同时造成9号球员处在越位位置。

阿韦洛亚占据有利的防守位置防守3号球员，赫迪拉将防守8号球员的任务交给佩佩，上前和厄齐尔、迪马利亚一起逼抢持球队员。

图171

小结

本泽马开始的站位再次造成防守的不利，迫使迪马利亚的站位需兼防11号和3号球员，这也是11号球员有空间接球的原因所在。不过，皇家马德里队再次快速反应，围绕有球区域组织防守，封堵对手可能的传球线路并夺回球权。

盯防后撤接球的前锋

如图172所示，球传到4号球员脚下。

如图173所示，本泽马对持球队员实施紧逼，对方2号球员前插，罗纳尔多追盯。对方7号和10号球员向持球队员移动接应。由于罗纳尔多提供保护，马塞洛紧盯7号球员。因为10号球员有可能接球，阿隆索对其追盯。拉莫斯紧盯9号球员，以防将球长传给他。赫迪拉向强侧移动补位。

第六章

4号球员将球传给7号球员，马塞洛紧逼接球的7号球员，阿隆索回防包夹，罗纳尔多靠近有球区域并及时上前对持球队员形成3人包夹（图174）。

紧盯内线的传球对象：将球逼向边路

如图175所示，守门员将球传给4号球员。

本泽马上前紧逼4号球员，阿隆索和厄齐尔紧盯各自的防守对象，因为10号和6号准备接球。马塞洛和拉莫斯也紧紧盯防各自负责区域的对手（图176）。

第六章

当球传到2号球员脚下时，罗纳尔多迅速对其实施紧逼，本泽马拦截可能回传给4号球员的球，厄齐尔紧盯6号球员，阿隆索移动到有球区域形成人数优势（因为10号球员不在接球的位置），如图177所示。

当球传给7号球员时，马塞洛、罗纳尔多和阿隆索3人立即上前围抢。厄齐尔放弃对6号球员的防守，上前盯防10号球员以防对手通过他将球转移到弱侧（图178）。

阻止对方将球直传到中线

如图179所示，守门员将球传给4号球员。

本泽马上前对持球队员实施紧逼。由于罗纳尔多占据球门一侧的防守位置，所以马塞洛紧随接应的7号球员。厄齐尔也紧盯向有球区域移动的6号球员。阿隆索放弃身前防守对象，向强侧移动，在封堵对手可能直传的同时，帮助皇家马德里队形成人数优势（图180）。

第六章

当球传到7号球员脚下时，马塞洛、罗纳尔多和阿隆索3人迅速对刚接到球的球员进行包夹。赫迪拉盯防有球区域附近的10号球员、厄齐尔防守6号球员、拉莫斯准备支援。在有球区域附近，对方所有球员都被紧紧盯防（图181）。

小结

本泽马未能及时封堵持球队员，使对手将球直传给边前锋（7号球员）。当球长距离运行时，靠近接球队员的3名球员立即上前紧逼，试图夺回球权。

对对手长传前锋的防守

如图182所示，球再次传到4号球员脚下。

本泽马距持球队员较远，并且边前锋保持球门一侧的防守位置。厄齐尔上前封堵持球的4号球员。本泽马回防6号球员，阿隆索观察到罗纳尔多占据有利防守位置时，紧跟10号球员压上。赫迪拉移动到中场补位。马塞洛紧盯7号球员，拉莫斯同样紧紧盯防9号球员（图183）。

第六章

对方4号球员通过长传将球传给9号球员。皇家马德里队球员迅速移动，在有球区域形成人数优势。因此，赫迪拉、阿隆索、罗纳尔多和本泽马设法在拉莫斯可能将球解围的第一落点夺回球权。佩佩和马塞洛支援，阿韦洛亚补防（图184）。

小结

当对手将球长传到前场时，皇家马德里中场队员必须迅速回防并包围持球队员，以确保围绕有球区域的人数优势。

边路2对2防守

如图185所示,守门员将球传给5号球员。

厄齐尔再次担任第一防守人。因为对方6号球员(厄齐尔的防守对象)向强侧移动,本泽马无法对其盯防,所以赫迪拉接管对他的防守。因为阿隆索距离过远,佩佩转移到强侧盯防8号球员。阿韦洛亚占据对方11号和8号球员之间的兼防位置。如图186所示。

第六章

由于厄齐尔将对手逼向边路，所以5号球员将球传给3号球员，后者迅速遭到迪马利亚的紧逼（图187）。佩佩向阿韦洛亚靠近防守8号球员，阿隆索也上前盯防。

对方3号球员将球传到11号球员脚下，阿韦洛亚迅速对刚接到球的队员实施紧逼，迪马利亚上前包夹。由于阿隆索紧随8号球员，佩佩保护，所以拉莫斯不需要向强侧移动。因为3名中场球员都向强侧移动，所以本泽马回撤到中场补位（图188）。

如图189所示，本泽马上前紧逼守门员并迫使其将球传向皇家马德里队的右路。由于迪马利亚兼防站位，如果球传给5号球员，可以迅速对其实施紧逼。守门员决定将球长传给位置靠前的3号球员。

赫迪拉利用他的兼防站位，迅速上前封堵3号球员。由于厄齐尔距离过远而不能及时对8号球员进行盯防，迪马利亚向中路移动，回防8号球员。厄齐尔向强侧移动，本泽马补防6号球员。因为3号球员有足够的时间处理球，所以11号和9号球员试图插到皇家马德里防线后方接球。阿韦洛亚保持球门一侧的防守位置盯防11号球员。佩佩和拉莫斯设法阻止9号球员渗透到危险区域接球。阿隆索横向移动以保持防线平衡，如图190所示。

第六章

当赫迪拉防守到位,成功封堵3号球员时,4名后卫停止后撤并保持防线前压(图191)。

持球队员转身回传5号球员。4名后卫利用转移球的时间,整体上压几码。此时球队的防线非常严密,并且造成对方前锋处于越位位置。本泽马和迪马利亚双人包夹接球队员。阿隆索和厄齐尔分别盯防8号和6号球员。在这种情况下,持球队员(5号球员)没有合适的传球选择,如图192所示。

对守门员将球传给中场队员的防守

如图193所示，本泽马的站位迫使对方将球传向右路。

8号球员长距离回撤接球。由于迪马利亚的兼防站位，赫迪拉没有追盯8号球员，因为那将使球队防线出现漏洞，所以他选择去盯防3号球员。厄齐尔向强侧移动逼抢持球队员，迪马利亚上前包夹。本泽马随时准备拦截回传守门员的球（图194）。

第六章

当8号球员将球传给5号球员（唯一的传球选择）时，迪马利亚迅速上前封堵，赫迪拉和厄齐尔分别盯防3号和8号球员，本泽马跑位以防对手回传守门员，这使持球队员在有球区域附近没有合适的传球对象（图195）。

当球传到3号球员脚下时，赫迪拉上前对其逼抢，迪马利亚协防包夹持球队员，厄齐尔紧紧盯防8号球员，以防对手通过他将球转向弱侧。阿韦洛亚同样紧盯11号球员（图196）。

封堵对手向前场短传渗透

如图197所示，球直接传给5号球员。

迪马利亚迅速对持球队员实施紧逼。本泽马跑位以防持球队员回传守门员，同时如果球传到8号球员脚下，能及时上前对其进行包夹。厄齐尔盯防回撤接应的8号球员，赫迪拉处在8号和3号之间的兼防位置，阿隆索补位支援（图198）。

第六章

当球传给8号球员时，厄齐尔迅速上前紧逼以防对手接球转身。本泽马和迪马利亚一起协防，3人包夹8号球员。赫迪拉选位拦截可能传给3号球员的球（图199）。

阻止对手将球转移到弱侧

如图200所示，守门员再次将球传给5号球员。

对方6号球员上前接应，厄齐尔追盯。本泽马移动到兼防位置以防回传守门员，同时能帮助厄齐尔包夹6号球员。赫迪拉占据8号和3号球员之间的兼防位置，以兼顾对二者的盯防（图201）。

第六章

6号球员接球后立即将球传给3号球员，赫迪拉上前封堵3号球员，迪马利亚回防包夹。

本泽马和厄齐尔负责阻止对手将球转移到弱侧，阿韦洛亚紧盯11号球员，佩佩紧随试图靠近有球区域接应的9号球员，阿隆索在中场支援（图202）。

小结

当对方中后卫有时间和空间活动时，迪马利亚被迫压上紧逼对手（5号球员）。此时，赫迪拉是球队的关键先生，他观察到场上局势后，占据8号和3号球员之间的兼防位置来兼顾对二者的防守。为给本泽马回防6号球员争取时间，厄齐尔转向盯防8号球员。

第七章

皇家马德里对4-3-1-2阵型球队的防守

当皇家马德里队面对采用4-3-1-2比赛阵型的球队时,对手在中场能形成4对3的人数优势。

当对方守门员持球时,他可以选择将球分到两侧的边路。皇家马德里中场球员选择兼防站位以便能同时盯防对方2名球员。

除非对方前锋转移到边路,否则皇家马德里的边后卫没有需要盯防的对手。当边前锋兼防站位防守时,边后卫负责补位支援他们。如前所述,当皇家马德里面对采用其他比赛阵型的球队时(4-4-2、4-2-3-1等),这个任务由后腰完成。

如图203所示,皇家马德里队员的起始站位。由于本泽马的站位靠近右侧,所以厄齐尔的站位面向左侧。阿隆索和赫迪拉兼防站位以应对对方中场的人数优势。守门员将球传给4号球员。

第七章

由于本泽马距离有球区域较远，所以厄齐尔上前封堵。因为4号球员身前空当较大，所以他选择向前带球，2号球员也在边路前插，罗纳尔多后撤，保持对其球门一侧的防守位置。本泽马回防6号球员，马塞洛紧盯9号球员，赫迪拉移动支援，因为边路不需要盯防对手，阿韦洛亚向中路移动支援中后卫（图204）。

当球传到7号球员脚下时，立即遭到阿隆索、罗纳尔多和厄齐尔3人包夹。本泽马和赫迪拉分别盯防6号和10号球员，以防7号球员成功将球传给其中1人。马塞洛依然紧盯9号球员，在有球区域附近对手都被盯防（图205）。

小结

当对方前腰前插到中锋的位置，而且皇家马德里队后腰没有后撤追盯时，防守他的任务自然由皇家马德里队的其中1名中后卫负责。

弱侧的边前锋（主要是迪马利亚或罗纳尔多）常常支援中路，协助中场球员盯防靠近边路的对方中场球员。当对方弱侧的边后卫居后插上时，皇家马德里队的边后卫负责对他的防守。

在罚球区附近3人包夹接球队员

如图206所示,球再次直接传给4号球员。

本泽马占据有利的防守位置,第一时间对4号球员实施紧逼。由于7号球员上前接应,所以厄齐尔向强侧移动。阿隆索将防守7号球员的任务交给厄齐尔,并靠近有球区域形成人数优势(图207)。

第七章

当球传到7号球员脚下时，罗纳尔多、本泽马和厄齐尔3人对接球队员形成包夹之势（图208）。

小结

皇家马德里队非常有信心让很多球员压上紧逼对手，因为他们知道，只有对手的技战术应用非常娴熟才能打破他们的防守。

阻止对方直传并在有球区域形成人数优势

如图209所示，与上述比赛场景相似，球再次传向4号球员。

本泽马再次上前紧逼持球队员，厄齐尔向强侧移动。这样，皇家马德里在强侧形成人数优势（图210）。

第七章

如图211所示,球传到2号球员脚下,罗纳尔多迅速对其实施紧逼。厄齐尔上前拦截可能传给7号球员的球,马塞洛同样紧盯9号球员。阿隆索支援,在有球区域附近形成人数优势。因为拉莫斯补位马塞洛,佩佩准备接管对10号球员的盯防。

2号球员成功将球传给边路的9号球员。马塞洛和阿隆索2人对其包夹,罗纳尔多回防,厄齐尔选位以防通过7号球员将球转移,迪马利亚接管对8号球员的盯防(图212)。

阻止进攻转移

如图213所示，球再次传给4号球员。

这次本泽马为第一防守人，厄齐尔紧随上前接应的6号球员，阿隆索紧盯7号球员（图214）。由于拉莫斯防守9号球员，马塞洛无需盯防对手，他向有球区域移动，形成人数优势并协助队友防守。

第七章

　　4号球员将球传给2号球员，罗纳尔多上前紧逼。皇家马德里球员集体向强侧移动。马塞洛负责盯防7号球员，如果球直接传到7号球员脚下，阿隆索迅速上前对其包夹。

　　拉莫斯紧随插到马塞洛身后的9号球员，佩佩后撤支援拉莫斯。迪马利亚紧盯居后插上的3号球员，以使阿韦洛亚能追盯向中路移动的11号球员。厄齐尔和本泽马设法阻止对手通过中场队员或后卫将球转移，如图215所示。

紧盯球门一侧的传球对象：将球逼向边路

如图216所示，球再次传到4号球员脚下。

本泽马上前紧逼持球队员，厄齐尔向左侧移动，阿隆索紧盯7号球员。这次，9号球员移动到马塞洛的防守区域，所以他负责对9号球员的盯防，拉莫斯向左侧移动支援（图217）。

第七章

经过连续2次传球后，球最后传到了9号球员脚下。马塞洛设法阻止接球队员转身，阿隆索和罗纳尔多迅速上前，3人对其包夹。

拉莫斯意识到10号球员向持球队员移动接应，迅速压上几码以防9号球员将球传给他，同时他的位置也能随时支援马塞洛。

同时，佩佩后撤几码以支援马塞洛和拉莫斯。阿韦洛亚向强侧移动补防。如图218所示。

小结

全队大范围地移动能使皇家马德里队员实施紧逼并限制对手，使其只有1种传球选择，并且对手只能在边路背身接球。随后，皇家马德里队员上前封堵，并用多名球员对其进行围抢。

制造强侧限制对手

如图219所示,边前锋兼防站位,本泽马直接上前紧逼守门员。

阿韦洛亚的站位使他除了盯防3号球员外,如果球传到11号球员脚下,他也能随时支援佩佩。

如图220所示,球传给了5号球员,迪马利亚迅速上前紧逼持球队员,同时封堵可能传给3号球员的球。

因为知道阿韦洛亚将会盯防3号球员,赫迪拉紧随8号球员移动,厄齐尔向强侧移动。本泽马选位以兼顾盯防6号球员和守门员。

阿韦洛亚压到比较靠前的位置防守3号球员,佩佩紧盯11号球员,拉莫斯移动对其支援。马塞洛回防,阿隆索占据中场。

第七章

由于5号球员没有合适的传球选择，守门员移动接应他的回传，本泽马迅速上前封堵（图221）。

守门员将球长传给3号球员。阿韦洛亚利用传球的时间上前对其逼抢。赫迪拉放弃所负责的防守对象，与阿韦洛亚对3号球员实施包夹，同时迪马利亚也回防。厄齐尔紧盯8号球员以防止对方将球转移。由于持球队员有时间处理球，11号球员前插接应，佩佩紧随并保持球门一侧的防守位置，拉莫斯保护。如图222所示。

对将球长传给前插边后卫的防守

如图223所示，本泽马再次直接对守门员实施紧逼。

守门员将球直接长传给3号球员。利用传球的时间，阿韦洛亚和迪马利亚迅速移动到位，对接球队员进行包夹。由于厄齐尔距离球较远，赫迪拉盯防8号球员以防对方将球转移，如图224所示。

第八章

皇家马德里对5-4-1阵型球队的防守

当皇家马德里队面对采用5-4-1比赛阵型的球队时，边前锋必须兼防站位以便更有效地盯防对手。

罗纳尔多在右中后卫和右边后卫之间站位，迪马利亚在左中后卫和左边后卫中间站位，所以皇家马德里队的中锋必须防守中路的中后卫。

控球中场（阿隆索）的站位靠近左路并主要负责防守对方前插的边后卫，这主要是因为罗纳尔多在防守端的贡献有限。

赫迪拉需要盯防身前的对手和边后卫，不过他和常常参与防守的迪马利亚一起配合。

阿韦洛亚和马塞洛有机会上前逼抢对方边后卫并协助后腰球员，前提是他们负责的防守对象（边前锋）不在边路而是向中路移动。在这种情况下，边后卫可以压到靠前的位置，因为中后卫只要移动几码就能盯防对方边前锋。

如图225所示，球直接传到右中后卫（4号球员）脚下。

罗纳尔多上前紧逼4号球员，厄齐尔盯防8号球员，阿隆索选位防守2号球员，马塞洛和拉莫斯分别紧盯7号和9号球员，本泽马兼防站位来拦截回传守门员和传给8号球员的球。赫迪拉补位中场（图226）。

如图227所示，经过2次传球之后，球传到了2号球员脚下。阿隆索上前封堵，罗纳尔多回防包夹持球队员，厄齐尔向强侧移动以防对手将球转移。因为对方不再可能接球，拉莫斯离开他的防守对象，同时后撤补位支援马塞洛。

第八章

封堵中场队员接后卫的短传球

如图228所示，守门员将球传给4号球员。

罗纳尔多上前紧逼持球队员，厄齐尔占据有利的防守位置，本泽马选位拦截传给8号球员和守门员的球（图229）。

当球传到8号球员脚下时，3人迅速对接球队员实施包夹（图230）。

阻止持球队员传球或转身面向前场

如图231所示，球传给了6号球员。

本泽马上前紧逼他的防守对象。如果球传给10号和5号球员的其中一人，迪马利亚随时准备对其实施紧逼。赫迪拉兼防站位，厄齐尔向强侧移动。对方左边前锋（11号球员）的位置朝向中路并靠近佩佩，他的位置可以使阿韦洛亚压到比较靠前的位置来更好地盯防3号球员。不过，对方11号球员没有插上，依然靠近佩佩。如图232所示。

6号球员将球直接传给长距离回撤接应的10号球员。赫迪拉上前逼抢10号球员的同时随时准备拦截可能传给3号球员的球。

厄齐尔、迪马利亚和本泽马设法拦截10号球员的所有传球选择（图233）。

小结

当皇家马德里队未能成功拦截中后卫的直传球时，球队将集中2～3名队员对持球队员实施紧逼，主要目的是阻止对手转身。

第八章

防守对方在后卫线横向转移球

如图234所示，球直接传到6号球员脚下。

本泽马上前紧逼持球队员，其他球员的站位如前所示（图235）。

6号球员将球传给5号球员，后者立即遭到迪马利亚的紧逼。厄齐尔向强侧移动，赫迪拉和阿韦洛亚上前盯防3号球员，佩佩紧盯11号球员（图236）。

当球传到3号球员脚下时，阿韦洛亚和赫迪拉立即对其进行包夹，迪马利亚也回防支援。迪马利亚之所以回防是因为厄齐尔紧盯10号球员，以防对手将球转移。如果厄齐尔距离10号球员比较远，迪马利亚将移动到中路对其盯防（图237）。

第八章

对将球直接传给左边后卫的防守

如图238所示,球再次传给6号球员。

本泽马上前紧逼,如图239所示,球传给5号或10号球员的其中一人,迪马利亚随时准备对其实施紧逼。厄齐尔横向移动去封堵回撤接应的10号球员,赫迪拉占据兼防位置。这次阿韦洛亚需要盯防边线附近的对方边前锋。

如图240所示，球直接传给3号球员，赫迪拉上前封堵，迪马利亚迅速回防对其进行包夹。由于持球队员有足够的时间处理球，11号球员前插策应。阿韦洛亚保持球门一侧的防守位置紧随其后，佩佩紧盯上前接应的9号球员，拉莫斯后撤补位，厄齐尔紧紧盯防10号球员以防对手通过他将球转移到弱侧。

当赫迪拉防守到位并成功封堵持球队员时，阿韦洛亚、拉莫斯和马塞洛停止退防并集体上压几码，造成11号球员处在越位位置，同时使防线更紧密（图241）。

小结

球员的整体移动限制了对手在边路的活动。在边路区域，皇家马德里队能阻止对手将球转移并在有球区域形成人数优势夺回球权。

第八章

对将球直接传给右边后卫的防守

如图242所示,本泽马直接上前逼抢守门员。由于逼迫对手将球转到左路,阿隆索向左侧移动以便更好地盯防2号球员。

守门员直接将球传给2号球员(右边后卫),阿隆索上前封堵,马塞洛保护。厄齐尔防守上前接应的7号球员。由于8号球员也处在接球的位置,罗纳尔多转向中路拦截可能传给他的球(图243)。这种整体行动能帮助球队在左边路夺回球权。

第九章

对弱侧的防守

当对手成功将球转移到弱侧时，皇家马德里队立即启动既定计划和战术来应对这一情况。这些战术将会根据皇家马德里队员的位置而有所不同。

例如，如图244和图245所示，罗纳尔多占据球门一侧来防守对方边后卫，使皇家马德里队保持一定的平衡。

第九章

当球传到7号球员脚下时，皇家马德里队员整体向左侧移动。马塞洛上前逼抢持球队员，阿隆索在有球区域形成人数优势并支援马塞洛。

其他3名后卫在罚球区占据有利的防守位置，随时准备防守可能的传中。

赫迪拉移动到罚球区前沿，罗纳尔多紧随居后插上的2号球员，卡卡向6号球员靠近，迪马利亚向中路移动盯防8号球员，同时去争抢队友解围7号球员传中球的第二落点。

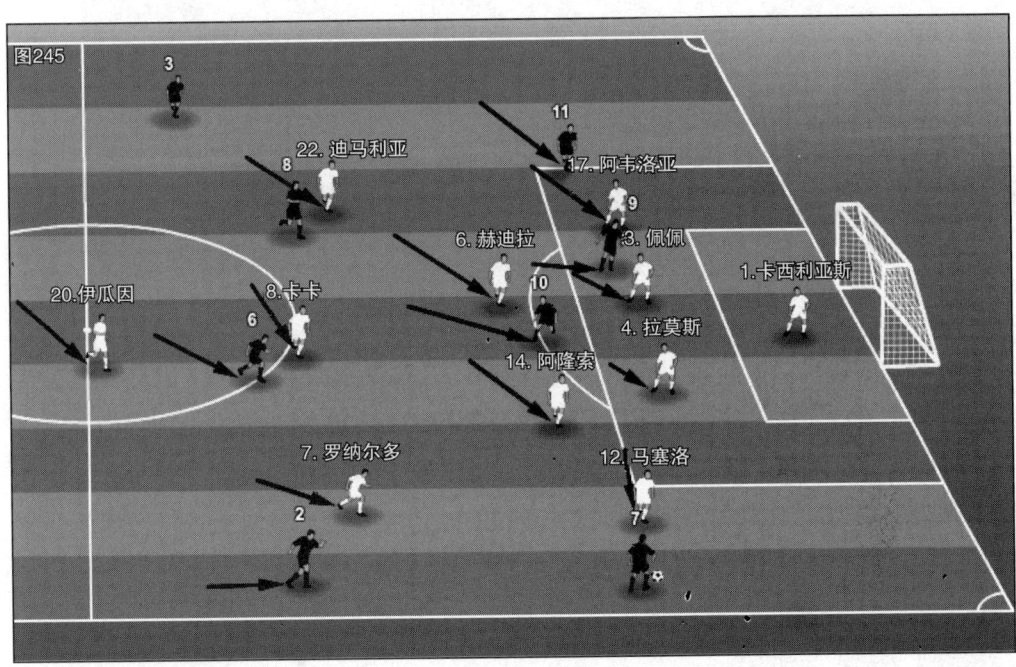

图245

对对手将球转移到弱侧的防守

如图246所示，经过转移之后，球直接传到了居后插上的2号球员脚下。

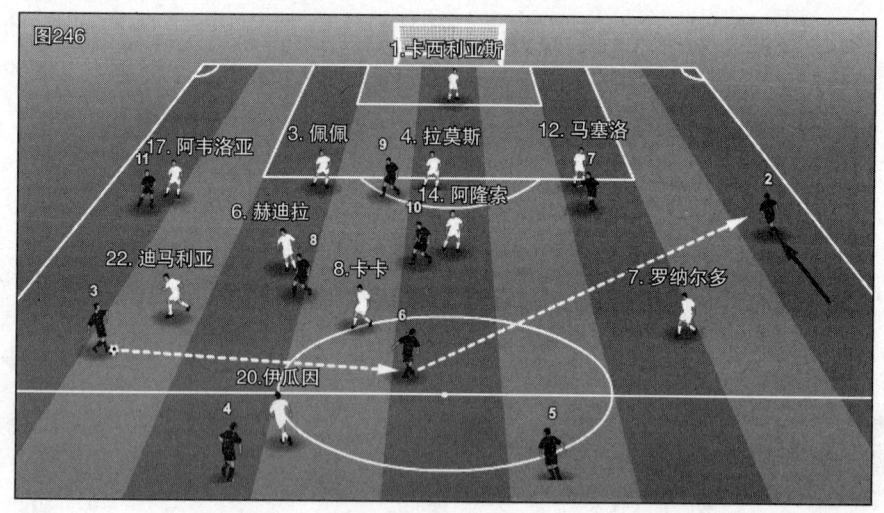

因为罗纳尔多防守位置不佳，持球队员直接运球对抗马塞洛。然而，由于7号球员（马塞洛负责的防守对象）处于有球区域，并且无人盯防，所以马塞洛没有过早上前紧逼，而是先紧盯7号球员，直到拉莫斯横向补防到位（图247）。

随着态势的发展，拉莫斯紧盯7号球员的跑动，阿隆索后撤中路空当，补到中后卫的位置。赫迪拉和迪马利亚长距离移动到有球区域附近，主要是占据罚球区外围的位置以保持严密的防守。卡卡和罗纳尔多准备争抢后卫解围后可能的第二落点。

第九章

对前场边路2对2的防守

如图248、图249和图250所示,这是皇家马德里队弱侧出现的另一种战术场景。这次罗纳尔多占据有利的防守位置,这对全队试图夺回球权有很大的帮助。

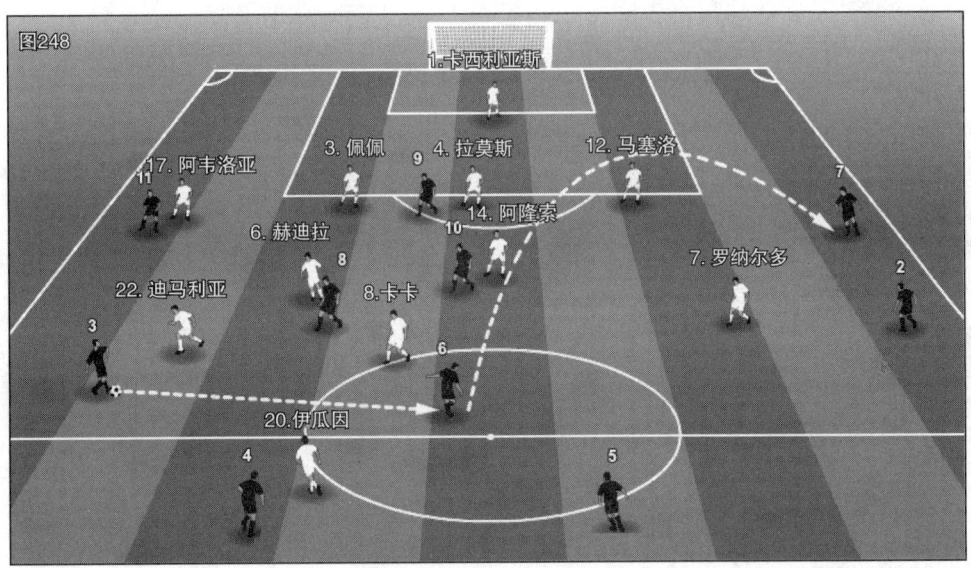

当球传到7号球员脚下时,马塞洛上抢。罗纳尔多追盯套边前插的2号球员,以防对手对马塞洛形成以多打少。

由于2号球员套边前插，马塞洛追盯2号球员，将防守持球队员的任务交给罗纳尔多。

阿隆索向左侧支援形成人数优势，同时，其他后卫在罚球区里占据防守位置准备防守可能的传中球。

这次赫迪拉和迪马利亚都没有长距离移动，以保持球队的平衡。

图250

小结

当罗纳尔多占据有利防守位置，并且对手在边路进攻时，拉莫斯镇守罚球区，阿隆索占据罚球区边缘的防守位置，这使皇家马德里在防守阶段力量更加平衡。

第九章

解决罗纳尔多防守站位不佳的局面

如图251、图252和图253所示,由于罗纳尔多防守站位不佳,这给球队在右路防守对方2号和7号球员造成了麻烦。

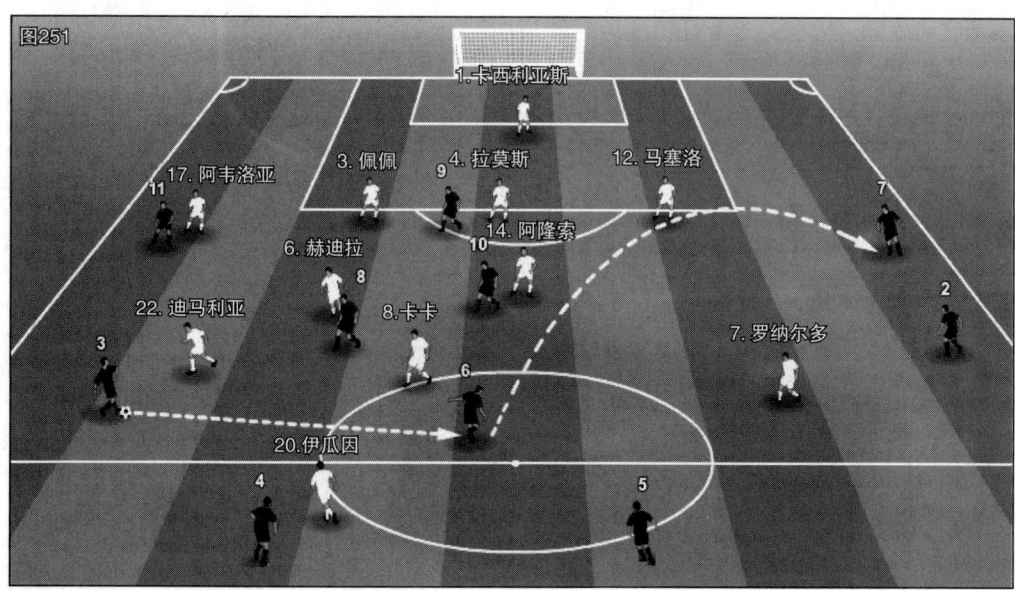

阿隆索长距离移动逼抢7号球员。他的移动使赫迪拉和迪马利亚也向强侧移动支援。

阿隆索的移动解放了马塞洛，使其可以集中精力盯防2号球员。罗纳尔多回防包夹，阿韦洛亚、佩佩和拉莫斯进入罚球区防守可能的传中球。

图253

对从前场内侧前插的边后卫的防守（1）

如图254、图255和图256所示，皇家马德里队必须应对对方右边后卫从前场内侧前插的跑动。

由于罗纳尔多位置靠前，阿隆索长距离移动到左侧补防并追盯前插的2号球员。赫迪拉和迪马利亚向左侧移动以保持防线平衡。

一旦对方右边后卫（2号球员）接球，阿隆索追盯并限制其触球时间和活动空间。

图256

第九章

对从前场内侧前插的边后卫的防守（2）

如图257、图258和图259所示，我们再次看到与之前所述相似的比赛场景。

图257

由于阿隆索在中路站位，罗纳尔多再次失位，所以距离最近的拉莫斯紧盯从内侧前插的2号球员。

图258

阿隆索后撤到中后卫位置来补防中路防线的漏洞，赫迪拉和迪马利亚同时长距离向左侧移动。

小结

在上述3个实例中，再次证明拉莫斯和阿隆索在边路保护马塞洛的重要性。在右路，与罗纳尔多相比，迪马利亚更为频繁地追盯后卫，但这些跑位并非都是必要的。

第九章

对中锋移动到边路的防守

如图260和图261所示,对手成功将球转移到皇家马德里队的右侧。在这一侧,迪马利亚的防守对球队的帮助非常大。当对方边后卫居后插上或从内侧前插,企图在左路以多打少时,迪马利亚每次都会对其追盯。

对手企图通过9号球员向边线附近移动,在边路形成人数优势。阿韦洛亚上前逼抢持球队员。由于佩佩追盯移动到边路的9号球员,导致中路防守出现漏洞。阿隆索再次回防到中后卫位置。迪马利亚包夹持球队员,赫迪拉向强侧移动,在有球区域形成人数优势。

对前腰移动到边路的防守

如图262和图263所示，对方前腰（10号球员）斜插到边路。在这个比赛场景中，距离最近的赫迪拉紧随10号球员跑动。

阿韦洛亚上前封堵持球队员，其他3名后卫集体后撤到罚球区内防守可能的传中球。由于防线中路不需要补防，阿隆索保持在罚球区前沿的兼防位置。

第十章

无法实施紧逼时的防守

某些情况有利于实施紧逼战术，但皇家马德里队必须应对无法实施紧逼的情况。当不能及时对持球队员逼抢时，这种情况就会出现。

如果这种情况发生在边线附近，皇家马德里的队员将设法把对手的进攻控制在边线这一侧。

在以下所示的比赛场景中，皇家马德里队不能及时上抢。

如图264所示，皇家马德里边锋占据内线的防守位置。

4号球员将球长传给9号球员，9号球员接球后将球回敲给6号球员，后者在中路控球（图265）。

第十章

由于持球队员身前空当较大,因此他向前带球。赫迪拉后撤以防6号和8号球员形成二过一,同时为迪马利亚回防争取时间。

阿隆索向中路移动,使有球区域的防守更加严密。

迪马利亚和罗纳尔多都紧跟居后插上的边后卫,同时支援后腰和限制对手在中场的活动空间。

两个边前锋在中场帮助球队保持严密的防守。后卫(由于持球队员无人封堵)占据内线的防守位置紧随前插的前锋。如图266所示。

6号球员将球传给8号球员，迪马利亚回防到位，限制了接球队员的空间。这时赫迪拉上抢，迪马利亚上前包夹。由于持球队员被封堵，在紧逼时机成熟时，后卫停止退防。由于队友围抢8号球员，所以阿韦洛亚压上盯防11号球员（图267）。

在边前锋兼防站位的情况下，中路的对方中场球员有活动时间和空间时，皇家马德里队将处于人数劣势。

这就是为什么球员要设法限制对手的活动空间并迫使对方将球转向边路，为恢复防线平衡争取时间。

小结

如果这种情况发生在中路，皇家马德里边前锋和靠近边路的中场球员将迅速补防支援中路，限制对手的活动空间并迫使对手将球向边路转移，为球队重新组织严密的防守争取时间。

对手有带球突破的空间

如图268~图271所示，对方后卫4号球员接守门员传球。

当本泽马上抢4号球员时，没有形成强侧，所以对方成功将球转移到皇家马德里队的右路。

球到了无人盯防的5号球员脚下，后者向前带球。因为在有球区域对手有人数优势并且持球队员可能将球传给3号球员，将在边路形成对阿韦洛亚以多打少的局面，所以迪马利亚没有上前封堵持球队员。

迪马利亚回防3号球员，让厄齐尔上抢持球队员。阿韦洛亚封堵回撤接应的11号球员，其他皇家马德里队员向右路移动。

厄齐尔横向移动，因为他比本泽马更靠近持球队员，所以作为第一防守人封堵持球队员，本泽马回防支援厄齐尔。

图270

第十章

图271所示为5号球员迅速带球插向空当，皇家马德里的球员设法封锁空间，厄齐尔后撤追盯并封堵持球队员。

迪马利亚、赫迪拉和阿隆索在中路组织严密的防守。

皇家马德里队仍然没有将球封堵，对方前锋渗透到防线后方接应。拉莫斯和马塞洛退防并占据球门一侧的防守位置。

佩佩盯防前插的前腰（10号球员）。由于迪马利亚的防守位置不佳，阿韦洛亚回防3号球员，赫迪拉选位拦截可能的直传球。

球员继续退防直到队友完成对持球队员的紧逼，并成功将球封堵。

小结

当皇家马德里队未能及时上前实施紧逼时，对方中后卫就有空间向前带球，这样皇家马德里队就不能迫使对方将球转向边路，从而形成强侧。

对长传球到中场的防守

如图272所示，5号球员通过长传将球传给10号球员，后者又将球敲给中路空当的6号球员。

6号球员向前带球，皇家马德里队员集体向左路移动来应对这一战术态势。

由于无人封堵持球队员，4名后卫保持球门一侧的防守位置盯防对方3名前锋，以防他们在危险区域接球。

第十章

由于7号球员向中路移动为边后卫2号球员制造空当，马塞洛退防，片刻后将防守7号球员的任务交给拉莫斯负责。

因此，马塞洛可以镇守自己负责的区域并能靠近盯防2号球员。阿隆索移动封锁持球队员的活动时间和空间，罗纳尔多回防，封堵传给2号的传球线路（图273）。

在罗纳尔多拦截之前，6号球员将球传给2号球员。由于拉莫斯紧盯7号球员，所以马塞洛向持球队员移动，阿隆索上前支援并在有球区域形成人数优势（图274）。

马塞洛成为第一防守人，阿隆索靠近支援，形成人数优势。拉莫斯紧盯7号球员。由于厄齐尔距离过远，罗纳尔多看守6号，这样可以确保将球控制在左路（图275）。

对中路空当里中场球员的防守

如图276所示,守门员将球长传给10号球员,后者直接将球传到6号球员脚下。

6号球员带球前插,阿隆索和赫迪拉向中路移动,旨在拦截可能直传或斜传给前锋的球,以及设法迫使持球队员将球转移到边路。

马塞洛和阿韦洛亚紧盯对方边前锋的前插。罗纳尔多和迪马利亚回防并占据有利的防守位置以防将球传给边后卫。

拉莫斯盯防回撤接应的9号球员,佩佩拉近距离随时准备上前支援,同时兼顾防守前插的10号球员。如图277所示。

球最后传到了边路2号球员脚下。拉莫斯放弃对9号球员的盯防，后撤保护马塞洛的同时观察9号球员的跑位。佩佩也同样后撤并靠近拉莫斯。阿韦洛亚保持球门一侧的防守位置（图278）。

由于马塞洛需要紧紧盯防7号球员，所以罗纳尔多和阿隆索上前封堵并双人包夹2号球员，持球队员只能将球向前传给被紧盯的前锋（图279）。

第十章

对方边锋在中路空当接球

如图280所示,因为厄齐尔没有及时上前限制对手,对方4号球员将球传给无人盯防的6号球员。

当6号球员接球时,厄齐尔上前封堵。阿隆索观察到厄齐尔上抢持球队员和前插的2号球员,他没有上压,而是选择站在2号球员的前面拦截可能传给他的球。

赫迪拉盯防10号球员并随时准备断掉传给9号球员的球。对方11号球员向中路移动接应,同时3号球员居后插上(图281)。

迪马利亚的防守站位欠佳，造成其不能及时追盯11号球员。如果球直接面向8号球员时，他所处的位置就能使其很舒服地接到11号球员的回传球。如果8号球员接到11号球员的传球，他就能轻松地将球转移给弱侧的3号球员。阿韦洛亚洞察到场上的战术态势，没有追盯11号球员，而是在原地盯防3号球员。

11号球员接球后转身向前带球。

赫迪拉回防追盯，其他皇家马德里队员后撤以防对手在防线后方接球。

后卫将继续退防直到赫迪拉成功封堵持球队员并封堵向前传球的可能，如图282所示。

小结

当对手处在中路空当时，主要有三种防守策略：

1. 球员兼防站位/兼顾防守位置。
2. 后卫追盯前锋以防对手在危险区域接球。
3. 中场队员设法阻止任何可能的直传球。

第十一章
对定位球防守

如图283所示，当对方守门员准备踢球门球时，皇家马德里队员的站位。

阿隆索是关键先生，他的站位靠近对方头顶球能力最好的球员（9号球员），因为这通常是守门员长传的目标。

图283

对角球的防守

如图284所示，对方主罚角球。

穆里尼奥运用一种混合的方式防守角球。9号本泽马和7号罗纳尔多在前点附近的空当，其余球员盯防罚球区里的对方球员。

4号拉莫斯、3号佩佩、14号阿隆索和17号阿韦洛亚，防守高空球的能力非常强，所以他们紧盯各自的防守对象。

22号迪马利亚和12号马塞洛占据罚球区外围争抢队友解围后的球。

10号厄齐尔的位置靠前。有时22号迪马利亚和10号厄齐尔会互换位置。

第十一章

对战术角球的防守

当3号球员上前接6号球员的短传时，皇家马德里队的2名球员（本泽马和迪马利亚）迅速移动盯防接应球员。

在他们的应对之下，防止了对手在角球区附近形成人数优势和组织进攻。

虽然本泽马移动到罚球区外围，但皇家马德里队在罚球区内仍能保持人数优势。厄齐尔补迪马利亚的位置，保持防守平衡（图285）。

对角球区附近任意球的防守

如图286所示，皇家马德里队防守角球区附近的任意球，2名球员排起人墙。

这次只有1名自由球员（本泽马），因为罗纳尔多必须去紧盯靠近罚球点的对方球员。

拉莫斯、佩佩、阿韦洛亚和阿隆索盯防其余对手，厄齐尔和马塞洛镇守罚球区前沿。

图286

第十一章

对罚球区前沿任意球的防守

如图287所示，对手在中路距罚球区只有几码的区域主罚任意球。

皇家马德里队安排4名球员排人墙。本泽马（自由人）负责防守这一区域。

阿隆索、佩佩和拉莫斯在罚球区内保持一条直线站位来盯防对手。

阿韦洛亚盯防紧靠罚球区的对方球员，厄齐尔镇守罚球区外面，防守外围空当。

图287

对掷界外球的防守

如图288所示,皇家马德里队防守对方的掷界外球,且对手的比赛阵型为4-4-2。

为了使球队在后场保留一名自由人,右后腰(24号迪亚拉)向边线移动,负责对11号球员进行盯防。

阿隆索也向右侧移动支援。阿韦洛亚和佩佩盯防2名前锋,拉莫斯是防线上的自由人。厄齐尔和本泽马分别盯防8号和5号球员。

如果球传给11号球员,迪马利亚随时准备对其包夹。

第十一章

如图289所示，这次对手采用的比赛阵型为4-2-3-1。

这意味着皇家马德里队在防线上具有人数优势。因此，强侧的后腰（迪亚拉）不需要大范围移动盯防对方边前锋。

阿韦洛亚负责盯防边前锋，迪亚拉的站位靠近对方前腰（10号球员）。厄齐尔盯防8号球员，本泽马盯防5号球员以防持球队员将球掷给他。

如图290所示，对方掷界外球，且比赛阵型为4-3-3。

皇家马德里队依然保持人数优势，拉莫斯还是自由人。

皇家马德里队员紧盯发球区域所有可能接球的对手。

阿隆索保持中场平衡。

图290

第十一章

结论

书中所示的所有比赛阶段（防守和进攻）全部来源于对2011—2012赛季皇家马德里队比赛的大量深入分析。

分析包括了比赛中4个不同阶段球员的职责，意在解析何塞·穆里尼奥的皇家马德里队取得巨大成功的相关因素。

在防守阶段，皇家马德里的关键战术环节是：
- 在对方罚球区附近实施紧逼。
- 后卫与中场队员配合紧逼盯人。
- 防守目的在于限制对手的触球时间和活动空间。
- 中场队员占据有利的防守位置以便形成双人包夹对手。
- 目的是尽可能快地夺回球权，并接着通过控制球权来掌控比赛。

第十一章

对各种比赛阵型球队的防守重点是：

● 面对采用4-4-2阵型的球队时，阿隆索在大部分时间都是自由人，皇家马德里在中场形成3对2的人数优势。皇家马德里队寻求在强侧和有球区域形成人数优势。他们相互之间的保护和流畅配合是成功的关键。

● 面对采用4-2-3-1阵型的球队时，中场人数上出现3对3势均力敌的情况。如果后腰去盯防插上的边后卫时，其他球员负责各自的防守区域，不会冒险压上。如果边前锋（罗纳尔多和迪马利亚）占据球门一侧防守边后卫时，赫迪拉和阿隆索可以压上，皇家马德里在有球区域尤其是在边线附近形成人数优势。

● 面对采用4-3-3阵型的球队时，可以看到在实施紧逼战术中，皇家马德里队员只追盯有可能接球的队员。另外，由于中场人数相等，球队采用区域防守。

● 面对采用4-3-1-2阵型的球队时，中场出现3对4的人数劣势。在前场，3名前锋将通过兼防站位兼顾盯防对方2名球员。

● 面对采用5-4-1阵型的球队时，在实施紧逼战术中，边前锋兼防站位防守。由于罗纳尔多很少回防，所以阿隆索在左路防守对方右边后卫的任务比较重。

本书也分析了特殊情况下皇家马德里队的应对战术。书中详述了皇家马德里队对所有可能出现的情况的应对战术，例如，对边后卫从内侧前插的防守，或对中锋移动到边线附近的防守。

皇家马德里队在防守阶段效率极高，这也是他们能取得成功的基础。本书中所分析的比赛阶段应该得到研究学习。全世界的教练员都应该深入了解世界上最好的教练员之一——穆里尼奥是如何提高球队水平的。

当然，皇家马德里队的成功也有其他方面的原因。他们花费巨资引进世界顶级球员，例如，技术高超的罗纳尔多。不过，对于一支出色且效率高的球队而言，还必须拥有一些具有特殊战术能力的球员去执行特定战术计划。

此外，何塞·穆里尼奥也发挥了重要作用，因为他确实使每名球员充分发挥了各自的特点和能力，使他们人尽其才，并在第一个赛季就大幅度提高了球队水平。穆里尼奥制定的战术效果非常显著，皇家马德里队以9分的优势轻松击败历史上最优秀的俱乐部之———巴塞罗那队，勇夺西甲联赛冠军。

作者简介

阿泰纳斯奥斯·特尔兹斯
- 欧足联B级教练员
- M.S.C培训及认证教练员

阿泰纳斯奥斯·特尔兹斯为欧足联B级教练员，曾效力于希腊足球联赛，29岁时专注于足球教学的研究。

他曾出版过两本书，分别是《4-3-3阵型的运用》和《菱形中场站位的4-4-2阵型的运用》。其后决定对足球阵型进行更具体的深入研究，使教练员形成一种概念，即同一种阵型，顶级球队如何运用，如他的第三本书《巴塞罗那的战术分析》就引起了教练员们的强烈反响，尤其是瓜迪奥拉球队战术细节方面的内容给人留下了深刻印象。

一直以来，他对观看皇家马德里的比赛以及穆里尼奥执教过的球队的比赛充满了兴趣。

有些比赛观看了几十遍，并根据对方球队的比赛阵型，将所有比赛分类。这本书就是经过对穆里尼奥的战术超过1000多个小时的广泛深入研究和分析后所撰写。

版权声明

书名：Jose Mourinho's Real Madrid A Tactical Analysis: Defending

作者：Athanasios Terzis

Copyright: ©2012 by SoccerTutor.com Ltd.

图字：01—2014—0724

本书中文版由英国SoccerTutor.com Ltd. 出版公司授权出版

图书在版编目(CIP)数据

何塞·穆里尼奥的皇家马德里：战术分析：防守／(希)特尔兹斯著；李吉慧，陆建森，沈军译．–北京：人民体育出版社，2015

书名原文：Jose mourinho's real madrid a tactical analysis: attacking: defending

ISBN 978-7-5009-4821-6

Ⅰ.①何⋯ Ⅱ.①特⋯ ②李⋯ ③陆⋯ ④沈⋯ Ⅲ.①足球运动–运动技术–研究–西班牙 Ⅳ.①G843.2

中国版本图书馆CIP数据核字(2015)第115901号

*

人民体育出版社出版发行
三河兴达印务有限公司印刷
新 华 书 店 经 销

*

787×1092　16开本　14.25印张　千字
2015年9月第1版　2015年9月第1次印刷
印数：1—5,000册

*

ISBN 978-7-5009-4821-6
定价：32.00元

社址：北京市东城区体育馆路8号（天坛公园东门）
电话：67151482（发行部）　　邮编：100061
传真：67151483　　　　　　　邮购：67118491
网址：www.sportspublish.com
（购买本社图书，如遇有缺损页可与邮购部联系）